Inhaltsverzeichnis

Wiederholung
Addition und Subtraktion

1 Verbinde.

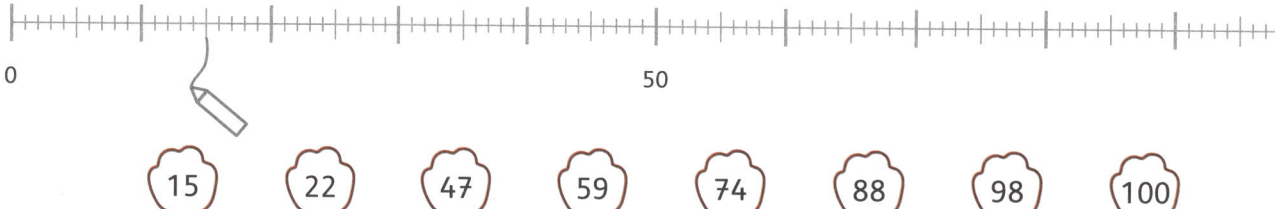

2 a)

```
□□ = □ + □
```

b)

```
□□ = □ + □
```

c)

```
□□ = □ + □
```

3

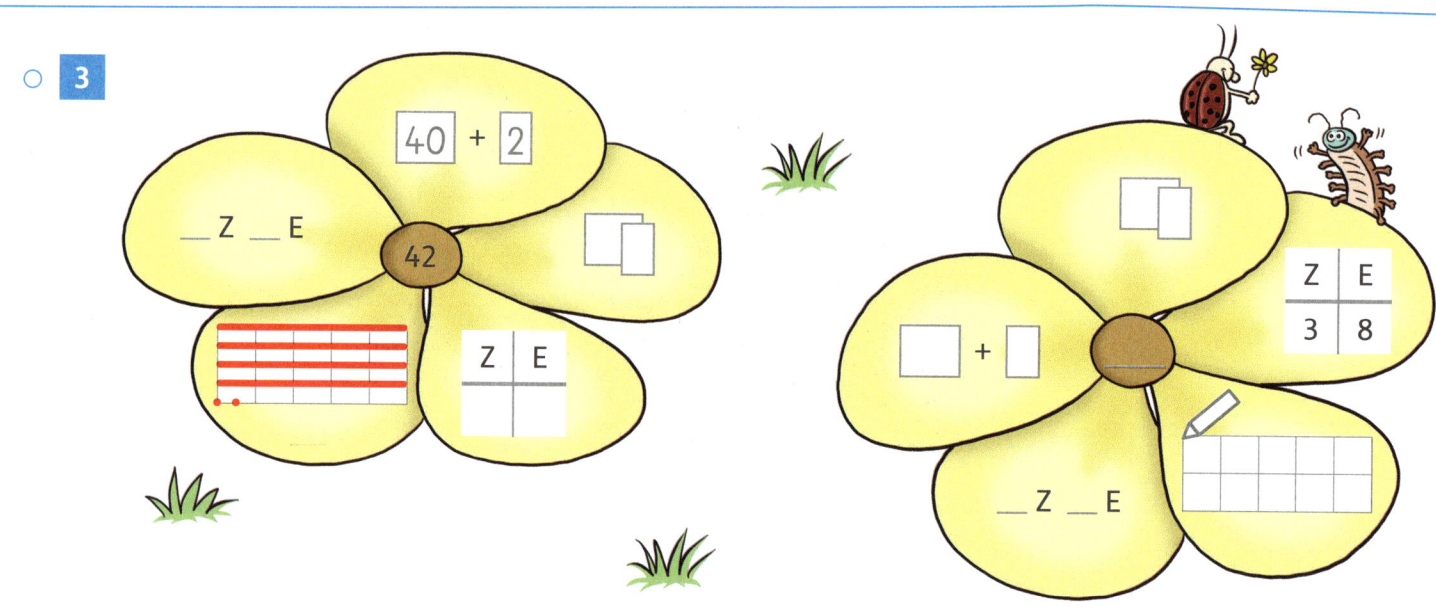

Zahlen am Zahlenstrahl zuordnen.
Verschiedene Zahldarstellungen
lesen und notieren.

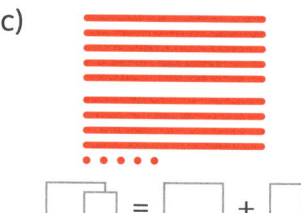

Hier ist die Zahl ...
Die Zahl 42 hat 4 Zehner und 2 Einer.

Wiederholung
Addition und Subtraktion

1
a) 12 + 20 = _____
   60 + 11 = _____
   53 + 40 = _____
   74 + 6 = _____

b) 24 + 34 = _____
   66 + 23 = _____
   13 + 37 = _____
   85 + 14 = _____

c) 44 − 20 = _____
   60 − 34 = _____
   56 − 10 = _____
   98 − 2 = _____

d) 76 − 34 = _____
   93 − 62 = _____
   81 − 41 = _____
   . 65 − 12 = _____

⚷ 24 26 31 32 40 42 46 50 52 53 58 71 80 89 93 96 99

2
a) Immer + 2, − 3.

65 — ⬤ — ⬤ — ⬤ — ⬤ — ⬤ — 62

Immer − 7, + 6.
39 — ⬤ — ⬤ — 31 — ⬤ — ⬤ — ⬤

Immer + 5, − 3.
50 — 55 — ⬤ — ⬤ — ⬤ — ⬤ — ⬤

b) Immer − 2, + 3.
⬤ — ⬤ — 28 — ⬤ — 27 — ⬤

Immer + 4, − 2.
⬤ — ⬤ — ⬤ — ⬤ — 100 — 98

Immer _____.
⬤ — 12 — 6 — 9 — ⬤ — ⬤ — 0

3
a)

+	30	32	34
26			
55			
42			

+	22	41	54
43			
16			
21			

+	0		
31			42
14		39	
53			

⚷ 11 14 25 25 31 38 43 47 53 56 56 57 58 60 62 64 65 70 72 74 75 76 78 84 85 87 89 97

b)

−	22	41	54
74			
67			
85			

−	31	24	40
98			
56			
74			

−	12		65
77		57	
95			
			15

⚷ 12 13 16 20 20 25 26 30 31 32 33 34 43 44 45 50 52 58 60 63 65 67 68 74 75 78 80 83

Additions- und Subtraktionsaufgaben ohne Zehnerübergang wiederholen. Zahlenfolgen fortsetzen.

Ich setze die Zahlenfolge fort. Ich rechne zuerst plus 2 und dann minus 3.

Wiederholung

Addition und Subtraktion

1
Rechne zuerst die Zehner zusammen, dann die Einer.
_36_ + _47_ = ____
_30_ + _40_ = ____
____ + ____ = ____

Rechne zuerst die Zehner dazu, dann die Einer.
_27_ + _38_ = ____
_27_ + _30_ = ____
____ + ____ = ____

Diese Rechenwege kennst du.

Nutze den Zehnertrick.

+ 20

− 1

45 + 19 = ____   45

2 Notiere deinen Rechenweg und erkläre.

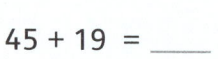 a) 34 + 58 = ____   b) 27 + 64 = ____   c) 55 + 19 = ____

3
S. 4, N r. 3
a) 6 7 + 8 =

a) 67 + 8
    78 + 6
     4 + 47

b) 45 + 45
    36 + 36
    19 + 19

c) 37 + 23
    46 + 24
    51 + 29

d) 27 + 47
    36 + 48
    33 + 59

 38 51 60 70 72 74 75 80 84 84 86 90 92

4 Froschaufgaben mit Pfiff

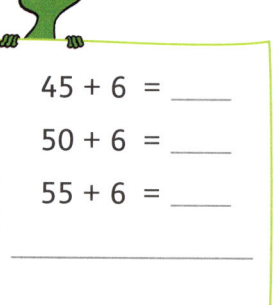

| 32 + 10 = ____ |
| 33 + 13 = ____ |
| 34 + 16 = ____ |
| _____ |
| _____ |

| 65 + 15 = ____ |
| 65 + 16 = ____ |
| 65 + 17 = ____ |
| _____ |
| _____ |

| 45 + 6 = ____ |
| 50 + 6 = ____ |
| 55 + 6 = ____ |
| _____ |
| _____ |

1. Zahl immer   _+ 1_   1. Zahl immer   ____   1. Zahl immer   ____

2. Zahl immer   ____   2. Zahl immer   ____   2. Zahl immer   ____

Ergebnis immer ____   Ergebnis immer ____   Ergebnis immer ____

Addition mit Zehnerübergang wiederholen.
Froschaufgaben lösen und evtl. eine Tonaufnahme erstellen.
MK Algorithmen erkennen 4

Die 1. Zahl wird um 1 größer,
die 2. Zahl wird um ... größer, also wird
das Ergebnis insgesamt um ... größer.

Wiederholung

Addition und Subtraktion

1

Nimm zuerst die Zehner weg, dann die Einer.

76 − 37 = _____

76 − 30 = ____

____ − ____ = ____

Ergänze.

63 − 57 = ____,

denn

57 + ____ = 63

Diese Rechenwege kennst du.

Nutze den Zehnertrick.

83 − 29 = ____

− 30

+ 1

____ ☐ ____ 83

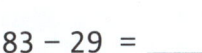 **2** Notiere deinen Rechenweg und erkläre.

a) 86 − 57 = ____   b) 62 − 39 = ____   c) 91 − 46 = ____

 3

S.	5,	N	r.	3	
a)	3	4	−	7	=

a) 34 − 7
86 − 9
53 − 8

b) 70 − 35
48 − 24
74 − 37

c) 43 − 37
32 − 28
24 − 19

d) 63 − 26
56 − 28
43 − 17

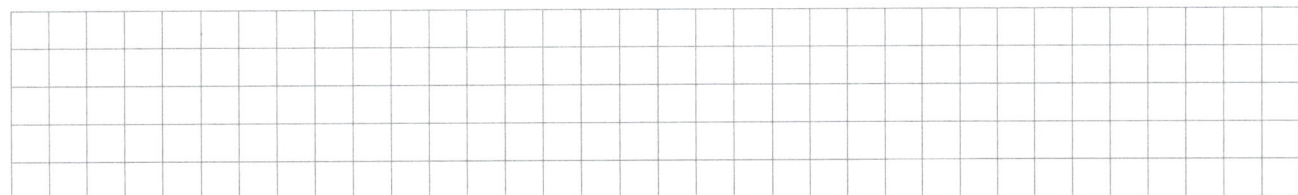 3 4 5 6 24 26 27 28 35 37 37 45 77

---

 4 Froschaufgaben mit Pfiff

95 − 11 = ____
94 − 12 = ____
93 − 13 = ____
_____
_____

70 − 22 = ____
68 − 23 = ____
66 − 24 = ____
_____
_____

42 − 33 = ____
43 − 35 = ____
44 − 37 = ____
_____
_____

1. Zahl immer − 1
2. Zahl immer ____
Ergebnis immer ____

1. Zahl immer ____
2. Zahl immer ____
Ergebnis immer ____

1. Zahl immer ____
2. Zahl immer ____
Ergebnis immer ____

Subtraktion mit Zehnerübergang wiederholen.
Froschaufgaben lösen und evtl. eine Tonaufnahme erstellen.
MK Algorithmen erkennen 4

Die 1. Zahl wird um … kleiner,
die 2. Zahl wird um … größer, also wird
das Ergebnis insgesamt um … kleiner.

5

Wiederholung

Addition und Subtraktion

1

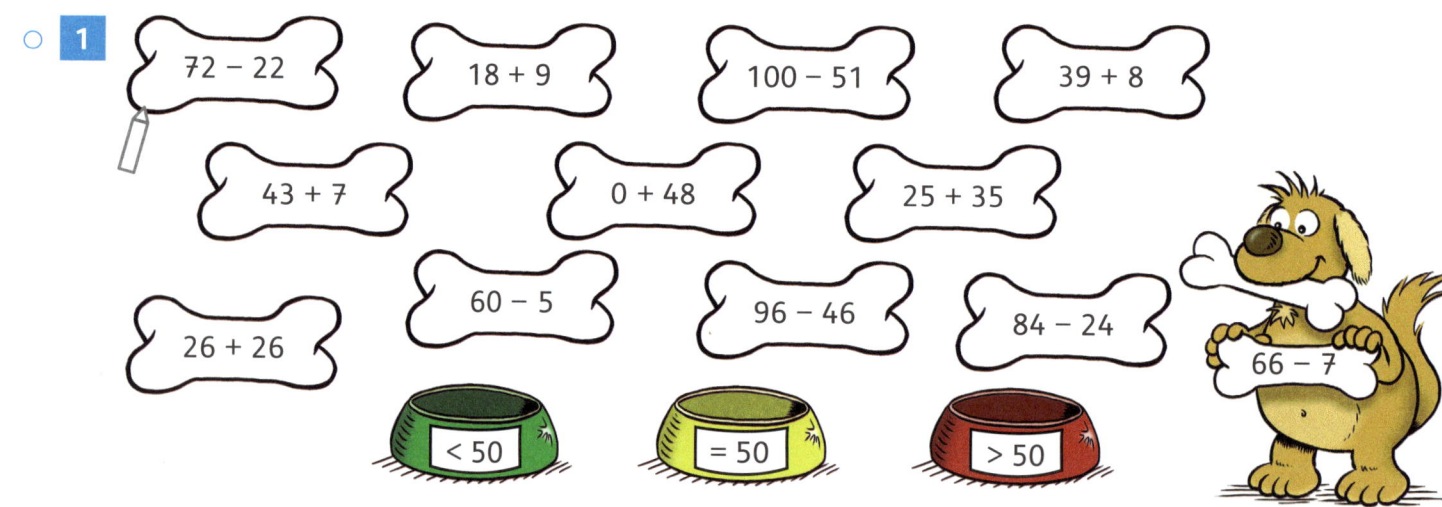

- 72 − 22
- 18 + 9
- 100 − 51
- 39 + 8
- 43 + 7
- 0 + 48
- 25 + 35
- 26 + 26
- 60 − 5
- 96 − 46
- 84 − 24
- 66 − 7

< 50   = 50   > 50

2 Bilde die Aufgabenfamilien.

a)

48 + 23 = _____
23 + _____ = _____
_____ − _____ = _____
_____ − _____ = _____

b)

_____ + _____ = _____
35 + 17 = _____
_____ − _____ = _____
_____ − _____ = _____

c)

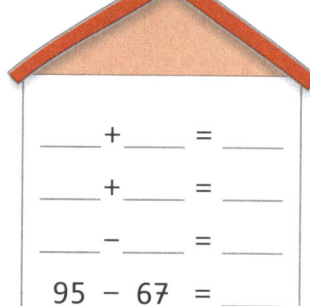

_____ + _____ = _____
_____ + _____ = _____
_____ − _____ = _____
95 − 67 = _____

3 a)

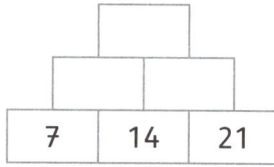

7	14	21

8	16	21

	55	
	31	
21		

	73	
		27
	18	

b)

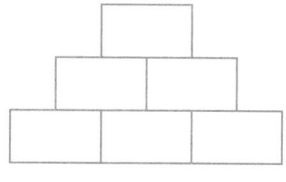

5	98	26
32	31	67
	41	

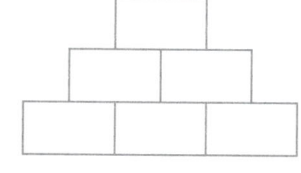

94	26	20
68	6	35
	62	

Eine Zahl bleibt immer übrig.

Aufgabenfamilien bilden.
Zahlenmauern lösen und präsentieren.

Eine Aufgabenfamilie besteht aus
Tauschaufgaben und Umkehraufgaben.

Wiederholung

Addition und Subtraktion

Ich sehe 47 ausgewachsene Seehunde und 27 Jungtiere.

Seehunde sammeln sich von Mai bis September auf Sandbänken, um ein Junges zur Welt zu bringen.
Das Junge wird 4 bis 6 Wochen gesäugt. Bereits als Baby lernen die Seehunde zu jagen. Ihre Nahrung sind Garnelen und kleine Fische. Pro Tag fressen Seehunde ungefähr 14 Garnelen und 10 Fische.

1 Welche Fragen kannst du mit Hilfe des Textes beantworten? Kreuze sie an.

☐ Wie viele Garnelen frisst ein Seehund ungefähr in einer Woche?

☐ Wie alt kann ein Seehund werden?

☐ Wie viele Seehunde sieht Mini insgesamt?

☐ Wie schwer wird ein Seehund?

☐ Wie schnell kann ein Seehund schwimmen?

2 Markiere zu jeder angekreuzten Frage die passenden Informationen im Text.
Benutze für jede Frage eine andere Farbe.

3 Beantworte eine angekreuzte Frage. Notiere den Lösungsweg und die Antwort.

Lösungsweg:

Hilft dir eine Skizze oder eine Tabelle?

Antwort: _____

_____

4 a) Beantworte eine weitere angekreuzte Frage mit Lösungsweg und Antwort.

b) Suche im Internet oder in Büchern und beantworte alle Fragen.

Informationen im Text markieren. Lösungsweg und Antwort notieren.
Wo findest du die Informationen zur Frage?
MK Informationsrecherche 4

In dieser Frage geht es um die Garnelen.
Ich suche im Text nach ...
Ich markiere nur ...

7

Wiederholung
Multiplikation und Division

1 Trainiere die Königsaufgaben.

5 · 6 = ____   10 · 6 = ____   2 · 7 = ____

1 · 7 = ____   5 · 8 = ____   1 · 8 = ____

2 · 8 = ____   10 · 4 = ____   2 · 4 = ____

1 · 6 = ____   10 · 9 = ____   5 · 7 = ____

2 · 3 = ____   5 · 4 = ____   1 · 3 = ____   10 · 8 = ____

1 · 9 = ____   10 · 3 = ____   2 · 4 = ____   5 · 3 = ____

5 · 9 = ____   2 · 9 = ____   5 · 5 = ____   2 · 2 = ____

1 · 4 = ____   10 · 10 = ____   2 · 6 = ____   10 · 7 = ____

> Denke an die Tauschaufgaben. Sie können beim Lösen helfen.

🔑 3 4 4 5 6 6 7 8 8 8 9 12 14 15 16 18 20 25 30 30 35 40 40 45 60 70 80 90 100

2 Rechne mit den Königsaufgaben.

a) | 8 · 3 |

👑 10 · 3 = ____
👑 2 · 3 = ____
8 · 3 = ____

b) | 9 · 3 |

👑 ____ · 3 = ____
👑 ____ · 3 = ____
____ · 3 = ____

c) | 6 · 9 |

👑 ____ · 9 = ____
👑 ____ · 9 = ____
____ · 9 = ____

d) | 7 · 8 |

👑 ____ · 8 = ____
👑 ____ · 8 = ____
____ · 8 = ____

e) | 9 · 7 |

👑 ____ · 7 = ____
👑 ____ · 7 = ____
____ · 7 = ____

f) | 9 · 9 |

👑 ____ · 9 = ____
👑 ____ · 9 = ____
____ · 9 = ____

3

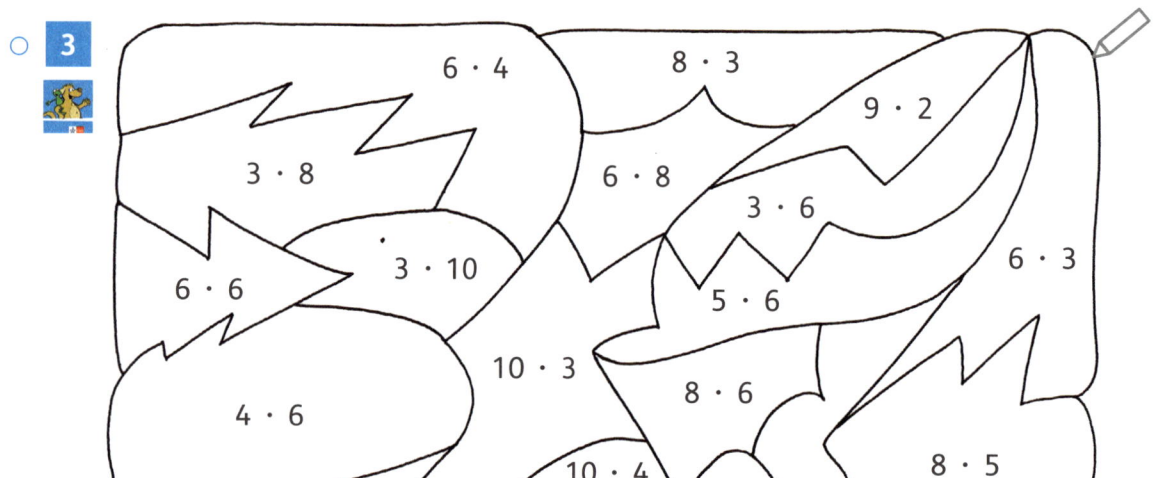

6 · 4   8 · 3   9 · 2
3 · 8   6 · 8   3 · 6
6 · 6   3 · 10   6 · 3
4 · 6   10 · 3   5 · 6   8 · 6
5 · 8   10 · 4   8 · 5   8 · 6   6 · 5

 18
 24
 30
 36
 40
 48

Königsaufgaben und Multiplikationsaufgaben üben.
Die Ergebnisse von Multiplikationsaufgaben aus Königsaufgaben herleiten.

8 mal 3 ist 10 mal 3 minus 2 mal 3.
6 mal 9 ist 5 mal 9 plus 1 mal 9.

Wiederholung
Multiplikation und Division

 1

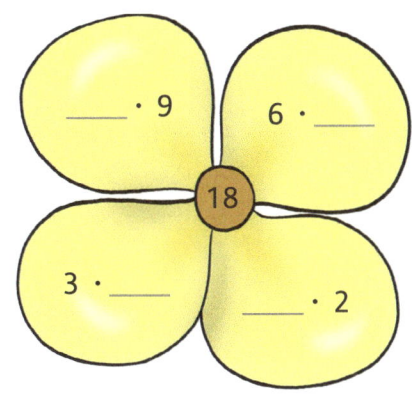

Blume 1: ____ · 9, 6 · ____, 18, 3 · ____, ____ · 2

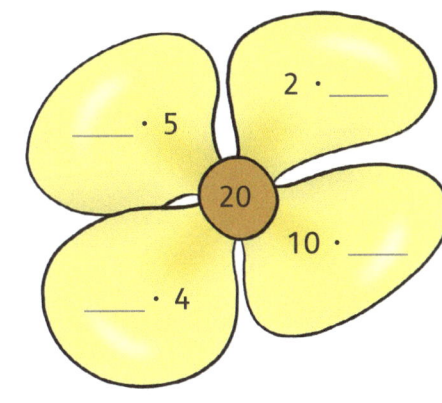

Blume 2: 2 · ____, ____ · 5, 20, 10 · ____, ____ · 4

2

·	5	6	7
6			
10			
8			

·	2	5	9
9			
3			
5			

·	4	3	0
8			
7			
9			

🔑 0 0 0 6 10 15 18 21 24 25 27 27 28 30 32 35 36 36 40 42 45 45 48 50 56 60 70 81

·	3	6	7
2			
0			
4			

·	1	4	5
2			
3			
4			

·	7	8	9
8			
6			
7			

🔑 0 0 0 2 3 4 6 8 10 12 12 12 14 15 16 20 24 25 28 42 48 49 54 56 56 63 64 72

3

a) Herr Berg kauft 8 Becher Eis.

In jedem Becher sind 3 Kugeln.

Wie viele Kugeln Eis kauft er insgesamt?

Wie rechnest du? Kreuze an.

☐ 8 − 3

☐ 8 · 3

☐ 8 + 3

Antwort: _____

_____

_____

b) Ole hat 7 Sticker. Sein Freund Hasan

hat 4-mal so viele Sticker.

Wie viele Sticker hat Hasan?

Kreuze die richtige Antwort an.

☐ Hasan hat 11 Sticker.

☐ Hasan hat 3 Sticker.

☐ Hasan hat 28 Sticker.

Erkläre, wie du die Antwort gefunden hast.

_____

_____

_____

Zu einem Ergebnis verschiedene Multiplikationsaufgaben finden. Multiplikationsaufgaben in Tabellen lösen. Sachaufgaben zur Multiplikation lösen.
MK Informationsbewertung 3

Zum Ergebnis 18 kenne ich
die Malaufgaben …

Wiederholung

Multiplikation und Division

1 a) Verteile 8 Plättchen gerecht an 2 Kinder.

Jeder bekommt ___ Plättchen.

8 : 2 = ___

b) Verteile 12 Plättchen gerecht an 2 Kinder.

Jeder bekommt ___ Plättchen.

_____

2 Wie viele Tüten brauchst du?

a) Immer 2 kommen in eine Tüte.

Ich brauche ___ Tüten.

10 : _____

b) Immer 3 kommen in eine Tüte.

Ich brauche ___ Tüten.

_____

3 a) Lena verteilt 9 Tulpen gerecht auf 3 Vasen.

Wie viele Tulpen stehen in einer Vase?

Lösungsweg:

Antwort: _____

_____

b) Frau Toll hat 15 Rosen und steckt immer 3 Rosen in eine Vase.

Wie viele Vasen braucht sie?

Lösungsweg:

Antwort: _____

_____

c) Ali hat 24 Aufkleber. Er verteilt sie gerecht an seine 4 Freunde.

Wie viele Aufkleber bekommt jeder Freund?

d) Luisa hat 21 Kirschen. Sie legt immer 3 Kirschen auf einen Muffin.

Wie viele Muffins mit Kirschen gibt es?

4

a) 40 : 10	b) 20 : 10	c) 30 : 10	d) 24 : 8	e) 36 : 9
40 : 8	20 : 5	30 : 6	24 : 6	36 : 6
40 : 5	20 : 4	30 : 5	24 : 4	36 : 4
40 : 4	20 : 2	30 : 3	24 : 3	36 : 1

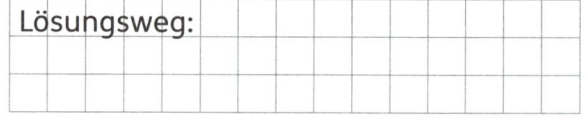 2 3 3 4 4 4 4 5 5 5 5 6 6 6 8 8 9 9 10 10 10 36

Division als Verteilen und Aufteilen wiederholen.
Sachaufgaben zur Division lösen.

Ich rechne ... geteilt durch ... gleich ...
Beim Teilen wird gerecht verteilt.
Jeder bekommt gleich viel.

Wiederholung

Multiplikation und Division

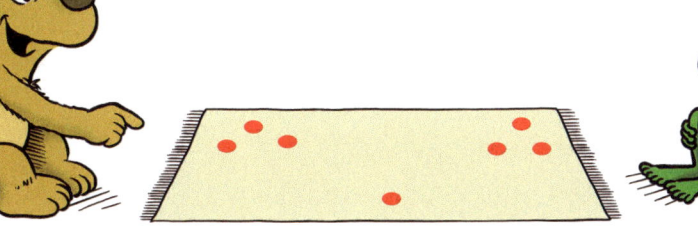

---

1 Verteile 10 Plättchen an 3 Kinder.

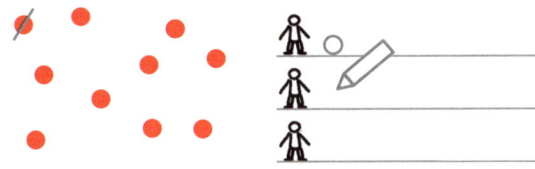

Jeder bekommt ___ Plättchen.

___ Plättchen bleibt übrig.

10 : 3 = ___ R ___,

denn ___ · 3 = ___ und ___ + ___ = 10.

Verteile 11 Plättchen an 3 Kinder.

Jeder _____

_____

11 : ___ = ___ R ___,

denn ___ · ___ = ___ und ___ + ___ = ____.

---

2 a) Verteile 14 Plättchen an 4 Kinder.

c) Verteile 9 Plättchen an 2 Kinder.

e) Verteile 16 Plättchen an 3 Kinder.

g) Verteile 12 Plättchen an 4 Kinder.

b) Verteile 15 Plättchen an 4 Kinder.

d) Verteile 19 Plättchen an 3 Kinder.

f) Verteile 18 Plättchen an 4 Kinder.

h) Verteile 17 Plättchen an 3 Kinder.

---

3 a) Teile immer durch 5.

6 : 5	9 : 5	12 : 5	15 : 5	18 : 5
7 : 5	10 : 5	13 : 5	16 : 5	19 : 5
8 : 5	11 : 5	14 : 5	17 : 5	20 : 5

b) Welche Reste können beim Teilen durch 5 vorkommen? Kreuze an.

☐ Rest 1   ☐ Rest 2   ☐ Rest 3   ☐ Rest 4   ☐ Rest 5   ☐ Rest 6

c) Warum kann der Rest beim Teilen durch 5 nicht größer als 4 sein?

_____

Division mit Rest wiederholen. Divisionsaufgaben mit Rest lösen.
Ergebnisse präsentieren.
MK Algorithmen erkennen 3

Ich verteile ... Plättchen an ... Kinder.
Ich rechne ... geteilt durch ... gleich ...
... bleiben übrig.

11

Wiederholung

Multiplikation und Division

1 Rechne. Dein Partner kontrolliert mit der Umkehraufgabe.

a) $27 : 9 = \underline{3}$ $35 : 7 = \underline{}$ $45 : 9 = \underline{}$ $0 : 10 = \underline{}$

P: $\underline{3} \cdot \underline{9} = \underline{27}$ P: $\underline{} \cdot \underline{} = \underline{}$ P: $\underline{} \cdot \underline{} = \underline{}$ P: $\underline{} \cdot \underline{} = \underline{}$

b) $40 : 5 = \underline{}$ $36 : 4 = \underline{}$ $27 : 3 = \underline{}$ $56 : 7 = \underline{}$

P: $\underline{} \cdot \underline{} = \underline{}$ P: $\underline{} \cdot \underline{} = \underline{}$ P: $\underline{} \cdot \underline{} = \underline{}$ P: $\underline{} \cdot \underline{} = \underline{}$

c) $32 : 8 = \underline{}$ $21 : 3 = \underline{}$ $63 : 9 = \underline{}$ $49 : 7 = \underline{}$

P: $\underline{} \cdot \underline{} = \underline{}$ P: $\underline{} \cdot \underline{} = \underline{}$ P: $\underline{} \cdot \underline{} = \underline{}$ P: $\underline{} \cdot \underline{} = \underline{}$

d) $42 : 6 = \underline{}$ $48 : 8 = \underline{}$ $54 : 6 = \underline{}$ $64 : 8 = \underline{}$

P: $\underline{} \cdot \underline{} = \underline{}$ P: $\underline{} \cdot \underline{} = \underline{}$ P: $\underline{} \cdot \underline{} = \underline{}$ P: $\underline{} \cdot \underline{} = \underline{}$

kontrolliert von: _____

2

$2 \cdot 2$	$21 : 3$	$16 : 4$	$40 : 8$	$2 \cdot 3$	$35 : 5$
$3 \cdot 3$	$1 \cdot 5$	$45 : 5$	$10 : 1$	$63 : 7$	$5 \cdot 2$
$28 : 4$	$28 : 7$	$56 : 8$	$36 : 6$	$48 : 6$	$2 \cdot 4$

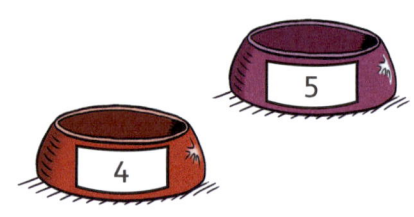

Napf: 5, 7, 9, 4, 6, 8, 10

3 Finde Aufgaben mit dem gleichen Ergebnis.

$2 \cdot 8 = \underline{16}$ $3 \cdot 8 = \underline{}$ $5 \cdot 8 = \underline{}$ $4 \cdot 8 = \underline{}$ $1 \cdot 8 = \underline{}$

$\underline{4} \cdot 4 = \underline{16}$ $\underline{} \cdot 4 = \underline{}$ $\underline{} \cdot 4 = \underline{}$ $\underline{} \cdot 4 = \underline{}$ $\underline{} \cdot 4 = \underline{}$

$2 \cdot 3 = \underline{}$ $10 \cdot 3 = \underline{}$ $6 \cdot 3 = \underline{}$ $4 \cdot 3 = \underline{}$ $8 \cdot 3 = \underline{}$

$\underline{} \cdot 6 = \underline{}$ $\underline{} \cdot 6 = \underline{}$ $\underline{} \cdot 6 = \underline{}$ $\underline{} \cdot 6 = \underline{}$ $\underline{} \cdot 6 = \underline{}$

Divisionsaufgaben mit der Umkehraufgabe kontrollieren.
Zu einem Ergebnis verschiedene Multiplikationsaufgaben finden.

Die Umkehraufgabe zu 27 geteilt durch 9 heißt 3 mal 9 gleich 27.
Ich kontrolliere mit der Umkehraufgabe.

Wiederholung

Multiplikation und Division

1 Bilde die Aufgabenfamilien.

3 · 4 = _12_
4 · 3 = ____
12 : 4 = ____
12 : 3 = ____

6 · 9 = ____
_____
_____
_____

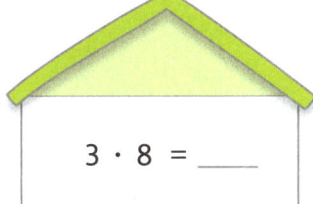

3 · 8 = ____
_____
_____
_____

_____
_____
12 : 6 = ____
_____

_____
6 · 8 = ____
_____
_____

_____
_____
_____
63 : 7 = ____

---

2 a)

·	2	5	7	10	0
2					
3					
5					
9					

·	5	10	8	6	4
4					
6					
10					
7					

🔑 0 0 0 0 4 6 7 10 10 14 15 16 18 20 20 21 24 24 25 28 30 30 32 35 35 36 40 40 42 45 48
50 50 56 60 60 63 70 80 90 100

b)

·	9	1		7
2				
8		24	64	
				28
3				

·	6		9	8	
5					
7		21			
9					45
				48	

🔑 2 3 3 3 4 4 5 6 6 8 8 9 12 14 15 16 18 18 21 24 25 27 27 30 30 32 35 36 36 40 42 45
50 54 54 56 56 63 72 72 81

Aufgabenfamilien bilden.
Multiplikations- und Divisionsaufgaben in Tabellen lösen.

Eine Aufgabenfamilie besteht aus
4 Aufgaben. Dazu gehören Aufgabe,
Tauschaufgabe und 2 Umkehraufgaben.

Zahlen bis 1 000

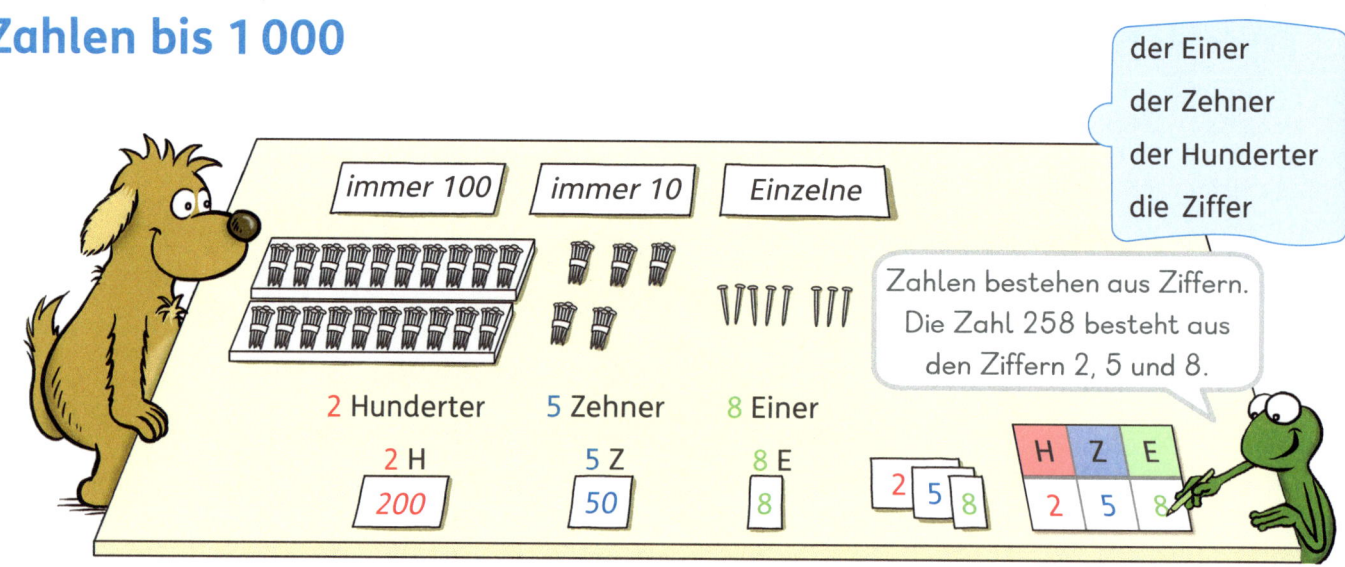

der Einer
der Zehner
der Hunderter
die Ziffer

immer 100   immer 10   Einzelne

Zahlen bestehen aus Ziffern.
Die Zahl 258 besteht aus
den Ziffern 2, 5 und 8.

2 Hunderter   5 Zehner   8 Einer
2 H   5 Z   8 E
200   50   8

2 5 8

H	Z	E
2	5	8

1 In Bobs Baumarkt werden heute alle Artikel gezählt.

Wie viele Nägel sind es jeweils?

a) immer 100   immer 10   Einzelne

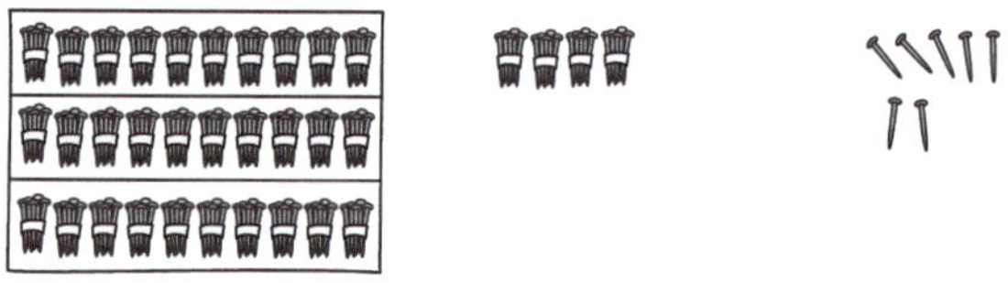

3 H   4 Z   7 E
300

3

H	Z	E
3		

b) immer 100   immer 10   Einzelne

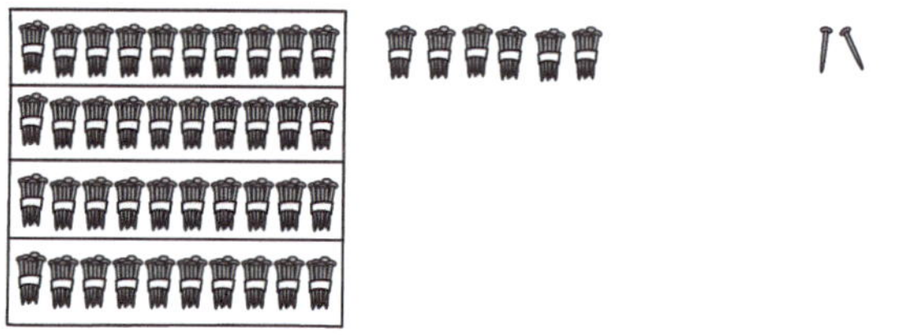

__ H   __ Z   __ E

H	Z	E

c) immer 100   immer 10   Einzelne

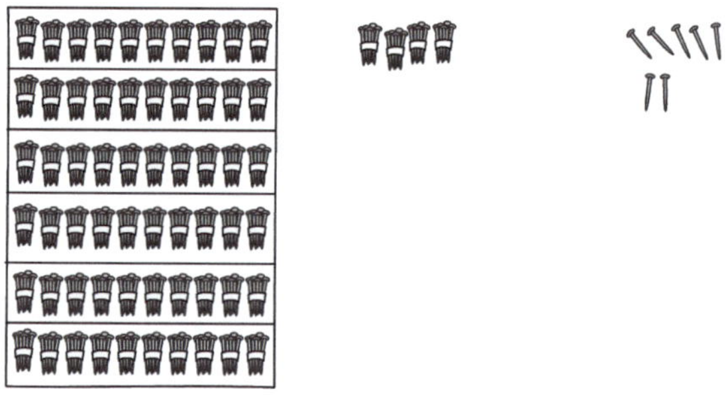

__ H   __ Z   __ E

H	Z	E

d) immer 100   immer 10   Einzelne

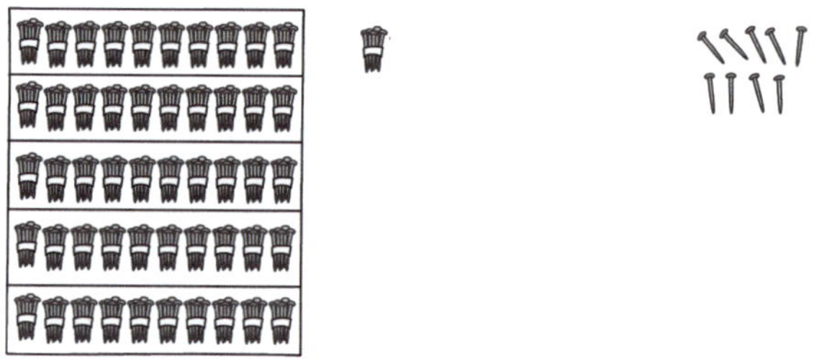

__ H   __ Z   __ E

H	Z	E

Zahlenraum bis 1 000 kennenlernen. Zahlen bündeln,
mit Zahlenkarten legen und in die Stellenwerttafel übertragen.

Es sind 3 Hunderter, 4 Zehner und 7 Einer.
Die Zahl heißt … Die Zahl 347 besteht aus
den Ziffern …, … und …

Zahlen bis 1000

der Tausender

10 Hunderter sind ein Tausender.

<u>6</u> H   <u>3</u> Z   <u>7</u> E

| 600 | 30 | 7 |

6   3   7

H	Z	E
6	3	

<u>1</u> T   <u>0</u> H   <u>0</u> Z   <u>0</u> E

| 1000 |

T	H	Z	E
1	0	0	0

1

a)

__ H   __ Z   __ E

H	Z	E

Wenn in der Zahl eine Stelle nicht besetzt ist, schreibe ich dort eine 0.

b)

__ H   __ Z   __ E

H	Z	E

c)

__ H   __ Z   __ E

H	Z	E

d)

__ H   __ Z   __ E

H	Z	E

e)

__ H   __ Z   __ E

H	Z	E

f)

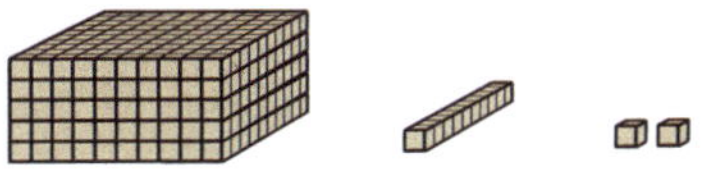

__ H   __ Z   __ E

H	Z	E

g)

__ H   __ Z   __ E

H	Z	E

h)

__ H   __ Z   __ E

H	Z	E

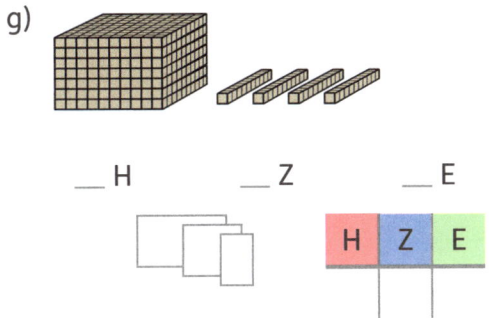

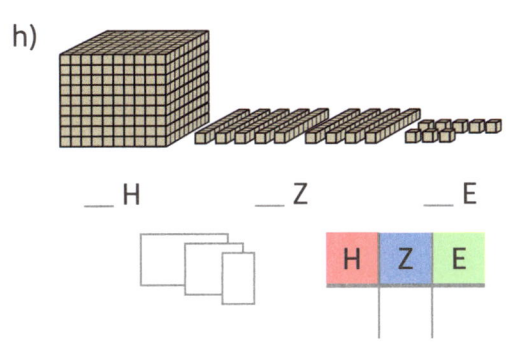

Zahlen bis 1000 mit den Mehrsystemblöcken strukturiert darstellen, mit Zahlenkarten legen und in die Stellenwerttafel übertragen.

2 Hunderter sind 200, 4 Zehner sind ...,
3 Einer sind ... Die Zahl heißt ...

15

Zahlen bis 1000

Geheimschrift

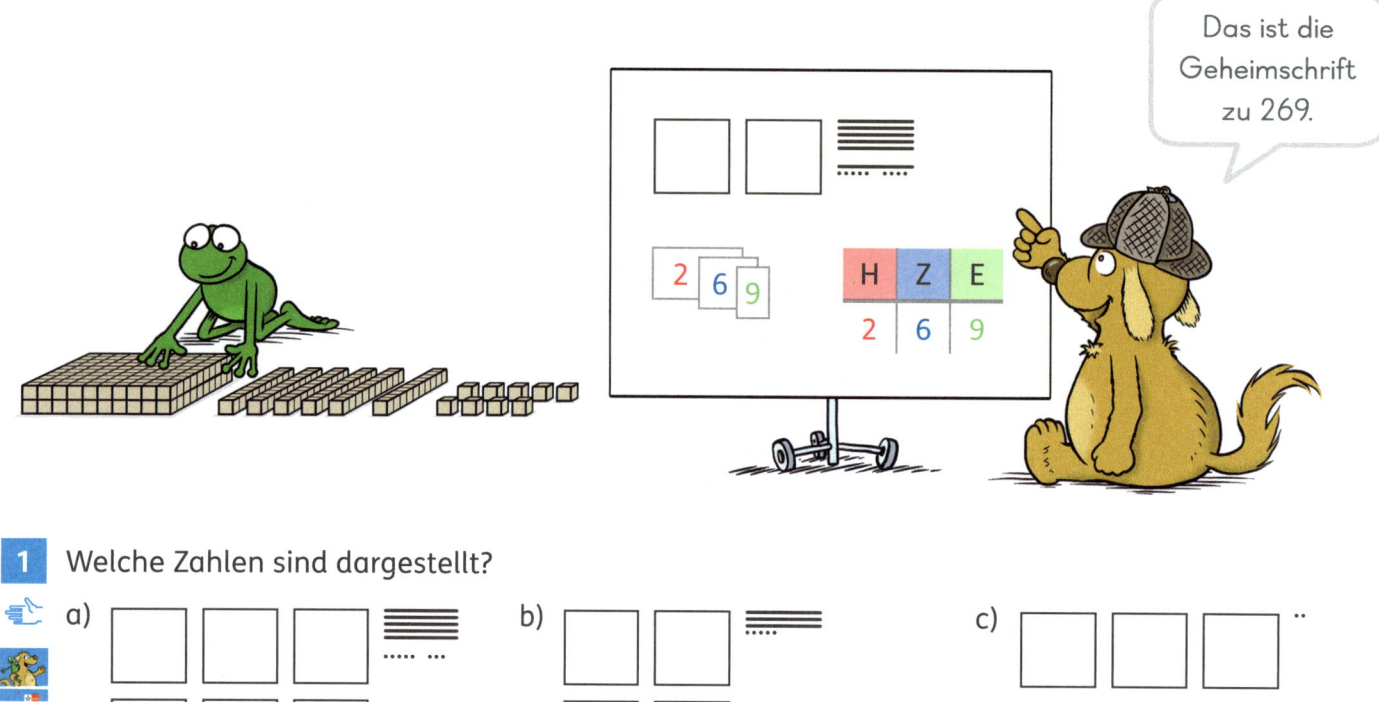

Das ist die Geheimschrift zu 269.

○ **1** Welche Zahlen sind dargestellt?

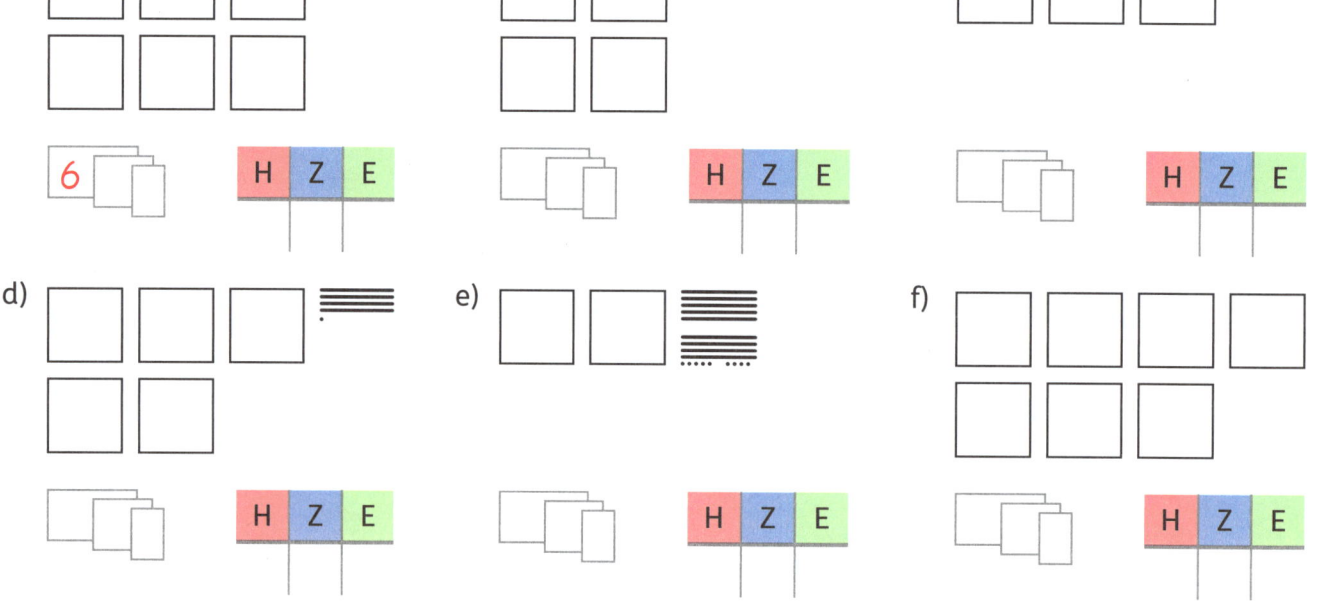

○ **2** Übertrage die Zahlen in die Stellenwerttafel und zeichne sie in Geheimschrift.

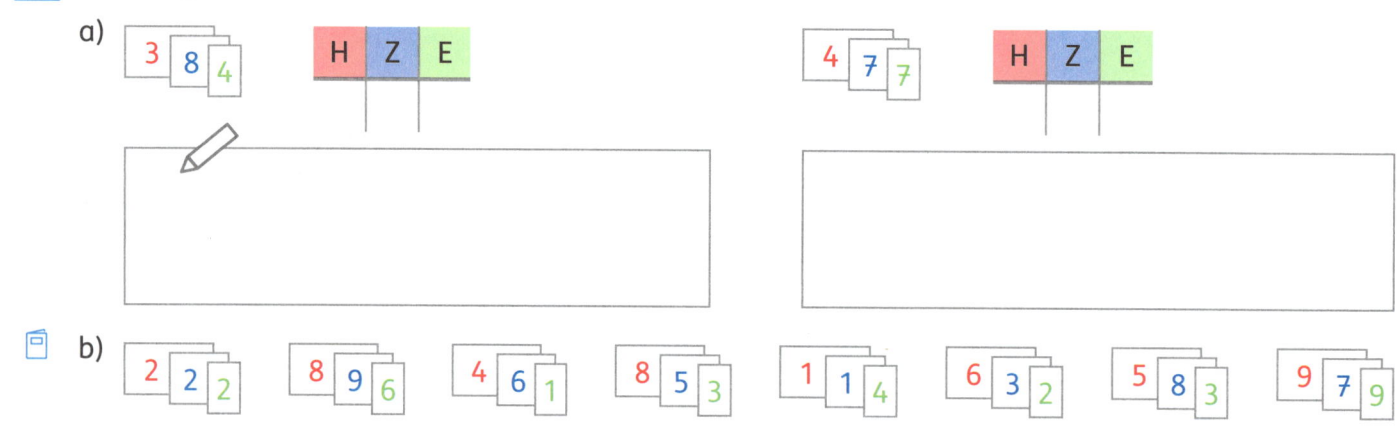

Zahlen bis 1000 in Geheimschrift lesen und darstellen.

… Quadrate entsprechen … Hundertern,
… Striche entsprechen … Zehnern und
… Punkte entsprechen … Einern.

Zahlen bis 1 000

Geheimschrift

---

1 Tausche, zeichne und notiere die Zahlen.

a)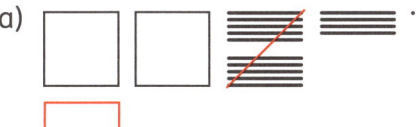

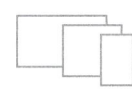

H	Z	E

b)

H	Z	E

c)

H	Z	E

d)

H	Z	E

---

2 Lege oder zeichne.

a) 18 E = 1 Z 8 E   b) 12 Z = _____   c) 4 Z 17 E = _____   d) 10 Z   6 E = _____

27 E = _____   24 Z = _____   2 Z 36 E = _____   80 Z   3 E = _____

39 E = _____   75 Z = _____   7 Z 25 E = _____   40 Z 17 E = _____

71 E = _____   30 Z = _____   5 Z 36 E = _____   25 Z 33 E = _____

---

3 Wie viel bleibt übrig?

a) 3 H − 1 Z = 2 H 9 Z   b) 9 Z − 2 E = _____   c) 8 H − 5 E = _____

5 H − 4 Z = _____   4 Z − 3 E = _____   7 H − 6 E = _____

Im Zehnersystem bündeln und tauschen.

 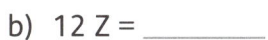

Ich tausche … Einer in … Zehner.
Ich tausche … Zehner in … Hunderter.

Zahlen bis 1000

Hundertertafeln

> Jede Hundertertafel hat 10 Zeilen und 10 Spalten.

Spalte

1										
	101	102	103	104	105	106	107	108	109	110
	111	112	113	114	115	116	117	118	119	120
	121	122	123	124	125	126	127	128	129	130
	131	132	133	134	135	136	137	138	139	140
	141	142	143	144	145	146	147	148	149	150
	151	152	153	154	155	156	157	158	159	160
	161	162	163	164	165	166	167	168	169	170
	171	172	173	174	175	176	177	178	179	180
	181	182	183	184	185	186	187	188	189	190
	191	192	193	194	195	196	197	198	199	200

Zeile → 401

301										
201	202	203	204	205	206	207	208	209	210	
211	212	213	214	215	216	217	218	219	220	
221	222	223	224	225	226	227	228	229	230	
231	232	233	234	235	236	237	238	239	240	
241	242	243	244	245	246	247	248	249	250	
251	252	253	254	255	256	257	258	259	260	
261	262	263	264	265	266	267	268	269	270	
271	272	273	274	275	276	277	278	279	280	500
281	282	283	284	285	286	287	288	289	290	400
291	292	293	294	295	296	297	298	299	300	

1 Zeige die Zahlen und markiere sie gelb.

a) 118, 125, 142, 156, 180, 199

b) 218, 225, 242, 256, 280, 299

c) 818, 825, 842, 856, 880, 899

d) 918, 925, 942, 956, 980, 999

2 Markiere folgende Zahlen grün. Notiere sie dann.

a) Welche Zahlen stehen **unter** 107?

_____

_____

b) Welche Zahlen stehen **unter** 207?

_____

_____

c) Welche Zahlen stehen **rechts neben** 181?

_____

_____

d) Welche Zahlen stehen **rechts neben** 281?

_____

_____

e) Vergleiche die Hundertertafeln. Was fällt dir auf? Beschreibe.

_____

_____

_____

_____

3 a) Welche Zahlen stehen über 493?

b) Welche Zahlen stehen links neben 609?

c) Welche Zahlen stehen unter 306?

d) Welche Zahlen stehen rechts neben 862?

e) Welche Zahlen stehen über 675?

f) Welche Zahlen stehen links neben 728?

Zahlen in den Hundertertafeln finden, benennen, markieren und notieren.
Was fällt dir beim Vergleich der beiden Hundertertafeln auf?
MK Algorithmen erkennen 2

 118 ist in der 2. Zeile und 8. Spalte.
218 ist in der … Zeile und … Spalte.

Zahlen bis 1 000

Hundertertafeln

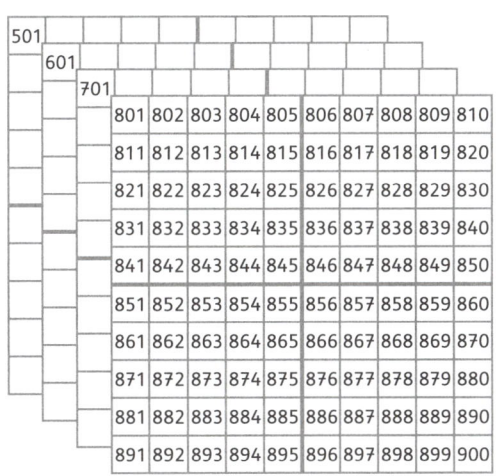

801	802	803	804	805	806	807	808	809	810
811	812	813	814	815	816	817	818	819	820
821	822	823	824	825	826	827	828	829	830
831	832	833	834	835	836	837	838	839	840
841	842	843	844	845	846	847	848	849	850
851	852	853	854	855	856	857	858	859	860
861	862	863	864	865	866	867	868	869	870
871	872	873	874	875	876	877	878	879	880
881	882	883	884	885	886	887	888	889	890
891	892	893	894	895	896	897	898	899	900

901	902	903	904	905	906	907	908	909	910
911	912	913	914	915	916	917	918	919	920
921	922	923	924	925	926	927	928	929	930
931	932	933	934	935	936	937	938	939	940
941	942	943	944	945	946	947	948	949	950
951	952	953	954	955	956	957	958	959	960
961	962	963	964	965	966	967	968	969	970
971	972	973	974	975	976	977	978	979	980
981	982	983	984	985	986	987	988	989	990
991	992	993	994	995	996	997	998	999	1 000

Für die Zahlen bis 1 000 sind es 10 Hundertertafeln.

1 Immer 2 Puzzleteile gehören zusammen. Verbinde.

Die Zahlen 891 und 991

Die Zahlen 834, 835 und 836

Die Zahl 955

Von 987 bis 1 000

Die Zahlen 907, 917 und 927

steht zwischen 954 und 956.

stehen in der 1. Spalte.

sind es 13 Schritte.

haben alle an der Zehnerstelle eine 3.

haben alle an der Einerstelle eine 7.

2 Trage die fehlenden Zahlen ein.

a)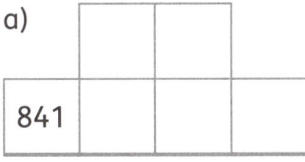

841

b)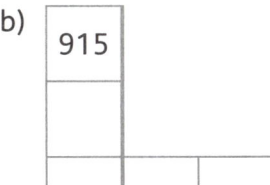

915

c)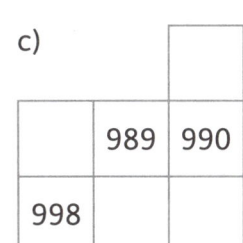

989 990

998

d)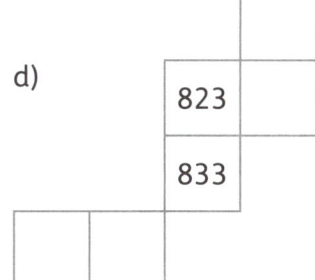

823

833

3 a) Kreise die Zahlen in der Hundertertafel ein und notiere.

einhundertsiebenunddreißig _137_

achthunderteinundfünfzig _____

neunhundertneun _____

zweihundertdreiundsiebzig _____

achthundertzwei _____

neunhundertachtzig _____

b) Schreibe die Zahlwörter in dein Heft.

    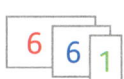 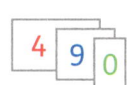 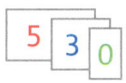 

Textbausteine richtig zusammensetzen,
fehlende Zahlen in Ausschnitten der Hundertertafeln ergänzen,
Zahlwörter lesen und schreiben.

Die Zahlen 891 und 991 stehen in der 1. Spalte.
Die Zahlen 834, 835 und 836 …

Zahlen bis 1000

Zerlegen

1 Stelle die Zahlen unterschiedlich dar.

a)

$$\boxed{4}\,\boxed{2}\,\boxed{3} = \boxed{400} + \boxed{20} + \boxed{3}$$

$$\square\,\square = \square + \square + \square$$

$$\square\,\square = \square + \square + \square$$

$$\square\,\square = \square + \square + \square$$

b)

$$\boxed{1}\,\boxed{7}\,\boxed{4} = \square + \square + \square$$

$$\boxed{4}\,\boxed{9}\,\boxed{0} = \square + \square + \square$$

$$\boxed{2}\,\boxed{8}\,\boxed{7} = \square + \square + \square$$

$$\boxed{1}\,\boxed{3}\,\boxed{2} = \square + \square + \square$$

2
a) 935 = _900 + 30 + 5_
227 = _____
873 = _____
419 = _____

b) 872 = _____
567 = _____
343 = _____
765 = _____

c) 830 = _____
760 = _____
81 = _____
607 = _____

3
a) 400 + 50 + 2 = _452_
300 + 80 + 7 = _____
200 + 20 + 9 = _____
800 + 60 + 6 = _____
100 + 30 + 5 = _____

b) 300 + 60 = _____
800 + 2 = _____
500 + 40 = _____
700 + 9 = _____
400 + 80 = _____

c) 600 + 70 = _____
300 + 3 = _____
900 + 40 = _____
100 + 1 = _____
700 + 90 = _____

101 135 229 292 303 360 387 ~~452~~ 480 540 670 709 790 802 866 940

Zahlen in Stellenwerte zerlegen,
Zahlen aus Stellenwerten zusammensetzen.

423 sind 400 plus 20 plus 3.

Zahlen bis 1 000

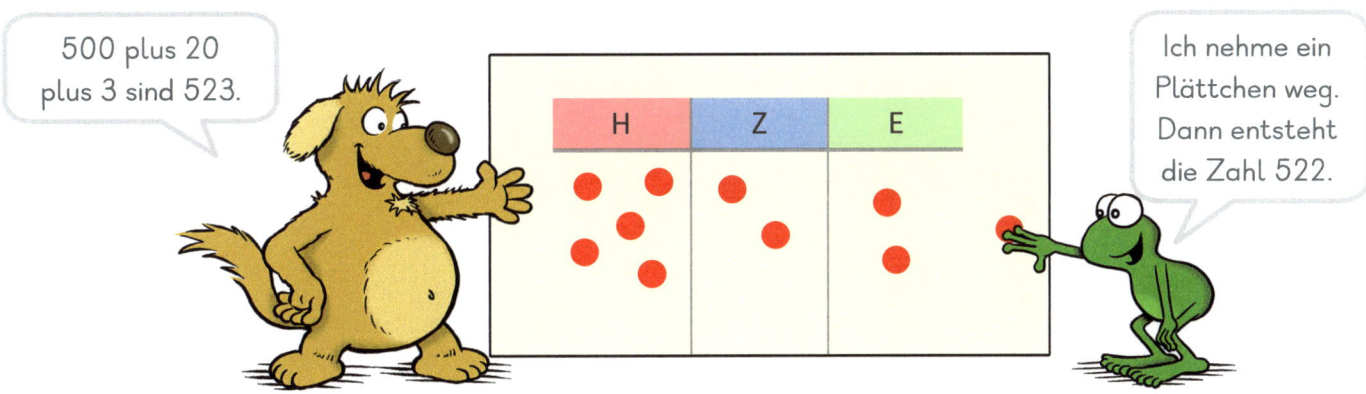

1 Welche Zahlen können entstehen?

H	Z	E
•••	•	•••••

_____

a) Lege ein Plättchen dazu. _____ _____ _____

b) Nimm ein Plättchen weg. _____ _____ _____

c) Verschiebe ein Plättchen. _____ _____ _____

_____ _____ _____

2 Welche Zahlen kannst du mit genau 2 Plättchen legen? Male und schreibe alle auf.

H	Z	E

_____

H	Z	E

_____

H	Z	E

_____

H	Z	E

_____

H	Z	E

_____

H	Z	E

_____

3

Meine Zahl heißt 870.
Ich verschiebe ein Plättchen.

Diese Zahlen können entstehen:

_____ .

Ich habe ein Plättchen verschoben.
Meine Zahl hat jetzt 4 Hunderter,
keine Zehner und 6 Einer.

Diese Zahlen können es gewesen sein:

_____ .

Denke dir ein eigenes Zahlenrätsel aus.

Zahlen mit Plättchen in der Stellenwerttafel darstellen,
unterschiedliche Möglichkeiten finden.
Zahlenrätsel lösen und erfinden.

1

Das ist die 315. Ich lege ein Plättchen
dazu, dann wird es ... Ich nehme ein
Plättchen weg, dann bleibt ...

21

Zahlen bis 1 000

1 Welche Zahlen sind dargestellt?

a)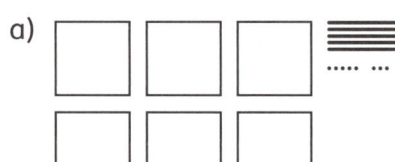

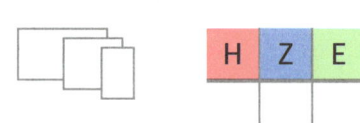

b)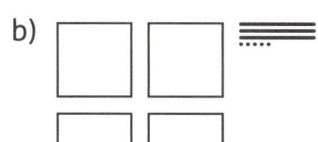

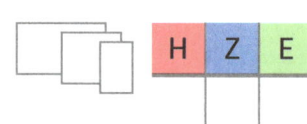

c)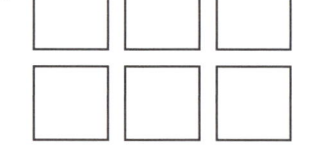

2 Immer 2 Puzzleteile gehören zusammen. Verbinde.

Die Zahlen 123 und 223	haben alle an der Einerstelle eine 5.
Die Zahlen 175, 185 und 195	sind es 28 Schritte.
Die Zahl 298	stehen in der 3. Spalte.
Die Zahlen 264, 265 und 266	steht zwischen 297 und 299.
Von 172 bis 200	haben alle an der Zehnerstelle eine 6.

3
a) 329 = _300 + 20 + 9_

876 = _____

313 = _____

734 = _____

b) 551 = _____

972 = _____

440 = _____

205 = _____

c) 600 + 70 + 3 = _____

200 + 50 + 8 = _____

100 + 10 + 1 = _____

800 + 80 + 7 = _____

4

Zahlen würfeln:

Abwechselnd 3-mal würfeln. Jede Ziffer auf einem freien Platz in der Stellenwerttafel eintragen. Zahlen vergleichen. Für die größere Zahl gibt es einen Punkt.

Gespielt mit: _____

Zahldarstellungen bis 1000 üben,
Textbausteine richtig zusammensetzen,
Zahlen zerlegen.

Zahlen bis 1 000

1 Gegeben ist die Zahl _____ .

H	Z	E

Welche Zahlen können entstehen?

a) Verschiebe ein Plättchen.

Zahlen: _____

_____

b) Verschiebe 2 Plättchen.

Zahlen: _____

_____

c) Lege ein Plättchen dazu.

Zahlen: _____

_____

d) Lege 2 Plättchen dazu.

Zahlen: _____

_____

e) Nimm ein Plättchen weg.

Zahlen: _____

_____

f) Nimm 2 Plättchen weg.

Zahlen: _____

_____

g) Nimm in jeder Spalte
ein Plättchen weg.

Zahl: _____ .

h) Lege in jeder Spalte
2 Plättchen dazu.

Zahl: _____

2 Welche Zahlen kannst du mit genau 4 Plättchen legen? Finde alle Möglichkeiten. Präsentiere.

H	Z	E

_____ _____   _____ _____   _____ _____

_____ _____   _____ _____   _____ _____

_____ _____   _____ _____   _____ _____

Zahlenrätsel mit Plättchen lösen.
Ergebnisse präsentieren.
MK Algorithmen erkennen 2

Vom Zahlenstrahl zum Rechenstrich

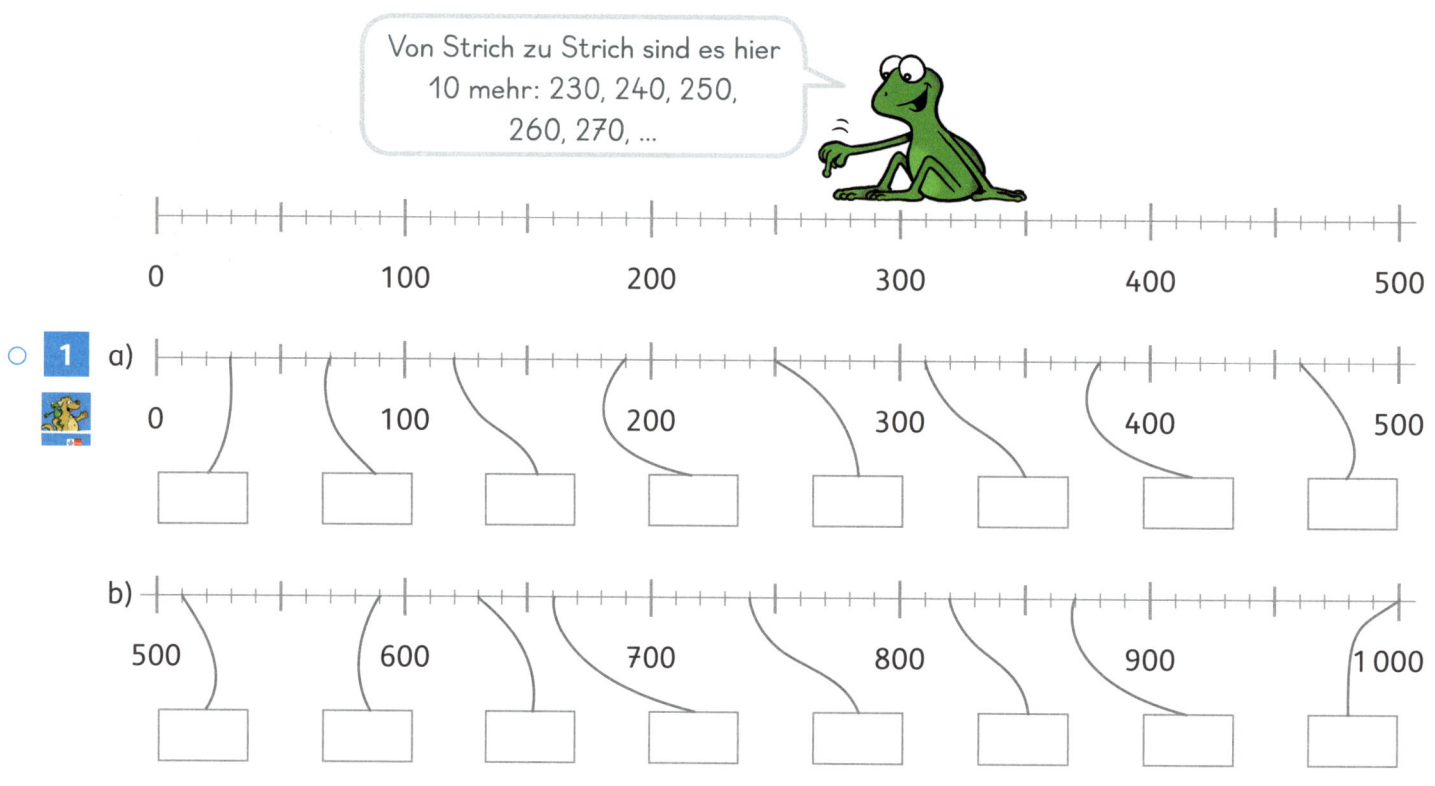

Von Strich zu Strich sind es hier 10 mehr: 230, 240, 250, 260, 270, …

1 a)

b)

2 Verbinde.

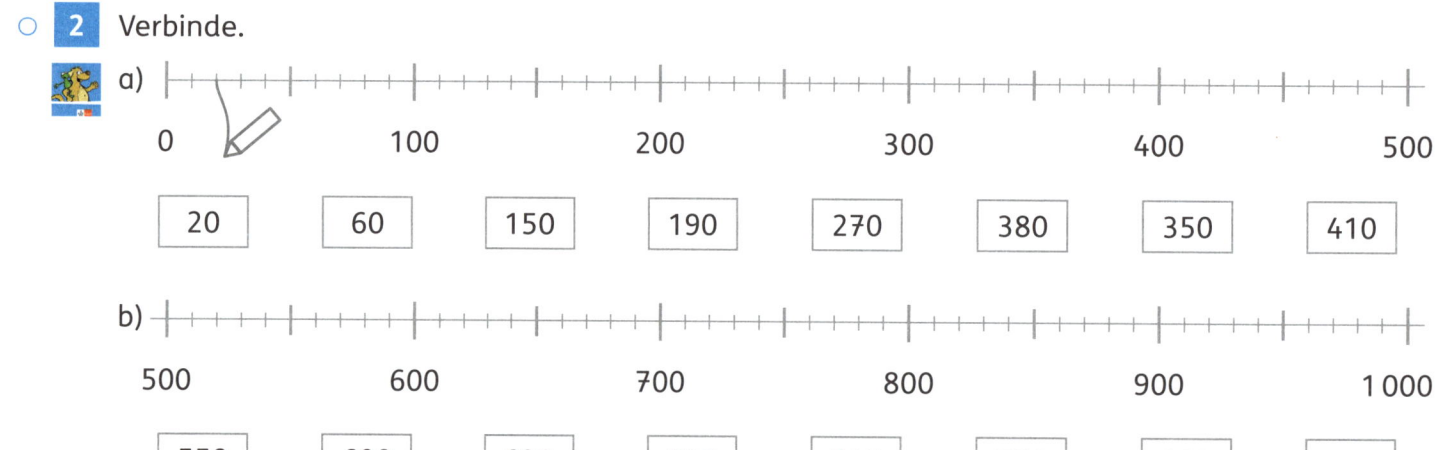

a)

| 20 | 60 | 150 | 190 | 270 | 380 | 350 | 410 |

b)

| 550 | 600 | 620 | 690 | 710 | 780 | 850 | 930 |

3 Springe immer 20 vor oder zurück.

a) + 20

710 _730_ _____ _____ 790

+ 20

510 _____ _____ _____ 590

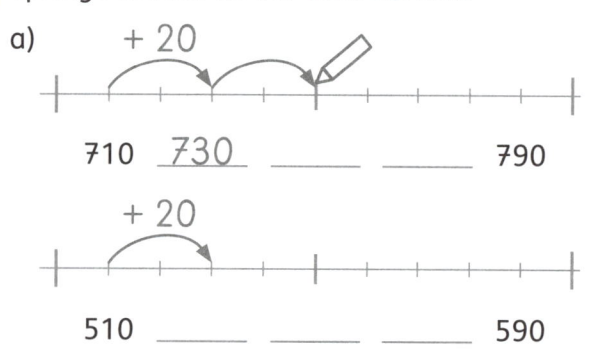

b) − 20

200 _____ _____ _____ 300

− 20

600 _____ _____ _____ 700

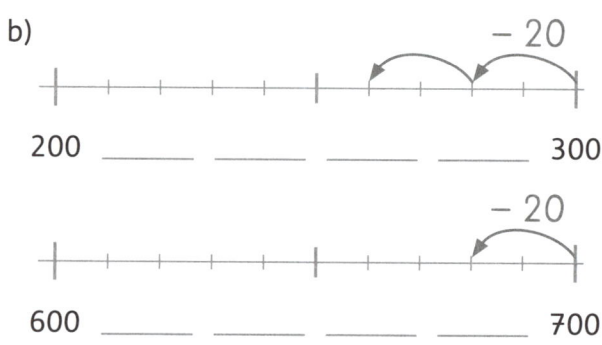

Fehlende Zahlen durch Vor- und Rückwärtszählen in 10er-Schritten ergänzen. Sprünge am Zahlenstrahl eintragen.

Ich zähle in 10er-Schritten.
Ich springe von … immer 20 weiter.
Ich springe von … immer 20 zurück.

Vom Zahlenstrahl zum Rechenstrich

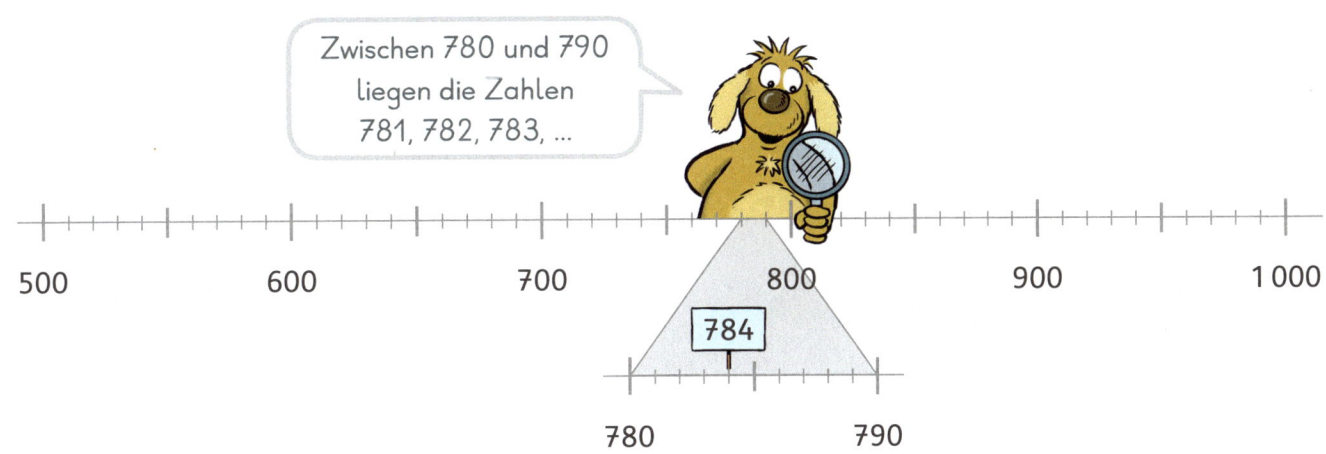

Zwischen 780 und 790 liegen die Zahlen 781, 782, 783, …

1 a)
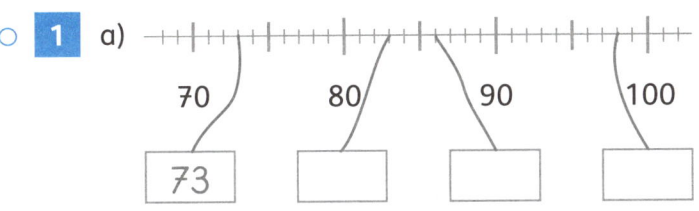

b)
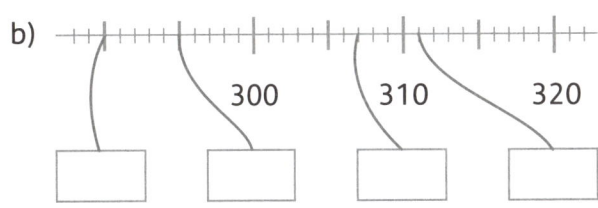

c)
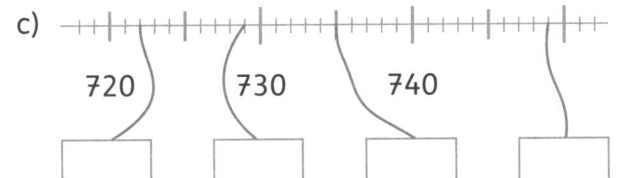

d)
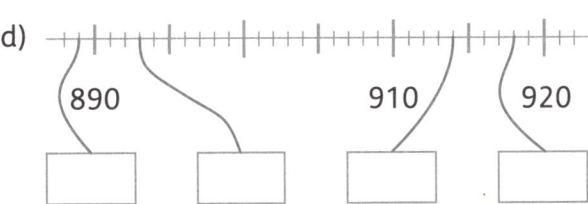

2 Verbinde.

a)
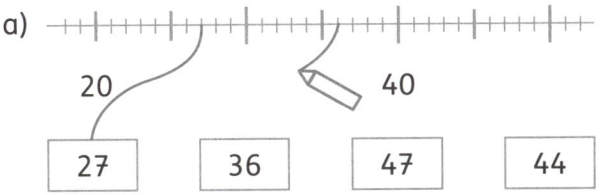

b)

| 440 | 460 |
| 450 | 445 | 458 | 471 |

c)
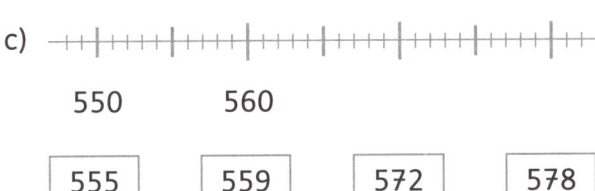

| 550 | 560 |
| 555 | 559 | 572 | 578 |

d)

| 670 | 680 |
| 674 | 679 | 683 | 700 |

3

V	Z	N
783	784	785
	600	
	438	

V	Z	N
699		
	750	
		802

V	Z	N
	300	
198		
	499	

V	Z	N
		888
	555	
222		

Fehlende Zahlen am Zahlenstrahl durch
Vor- und Rückwärtszählen ergänzen.
Vorgänger und Nachfolger bestimmen.

Hier ist die Zahl …
Der Vorgänger heißt …
Der Nachfolger heißt …

Vom Zahlenstrahl zum Rechenstrich

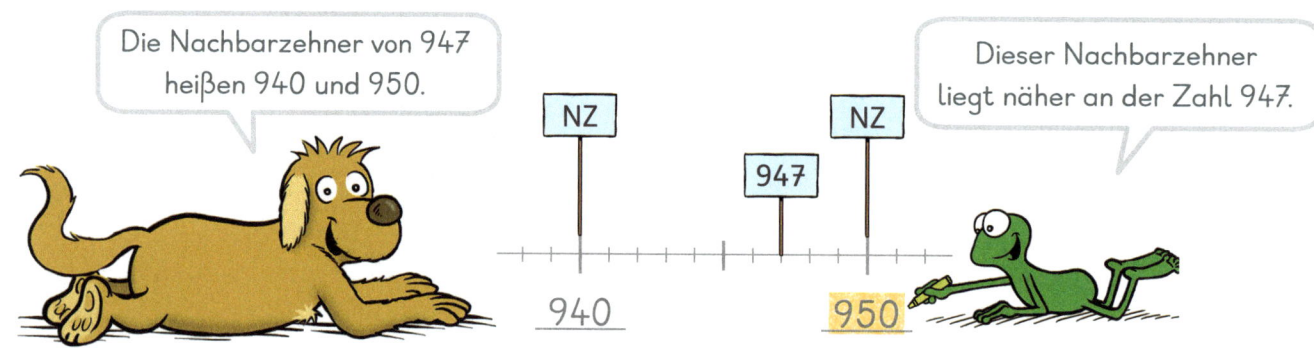

Die Nachbarzehner von 947 heißen 940 und 950.

Dieser Nachbarzehner liegt näher an der Zahl 947.

NZ   947   NZ

940   950

---

1 Trage die Nachbarzehner ein. Markiere den Zehner, der näher an der Zahl liegt.

a)

177

170   180

b)

558

_____   _____

c)

161

_____   _____

d)

894

_____   _____

---

2 Wie heißen die Nachbarzehner (NZ)? Markiere den Zehner, der näher an der Zahl liegt.

NZ	Z	NZ
370	371	380
	218	
	883	

NZ	Z	NZ
	123	
	497	
	335	

NZ	Z	NZ
	901	
	664	
	770	

NZ	Z	NZ
	44	
	777	
	999	

---

3 Rechne vor und zurück zu den Nachbarzehnern.

a) 343 + __ = 350   269 + __ = _____   507 + __ = _____   685 + __ = _____

343 − __ = 340   269 − __ = _____   507 − __ = _____   685 − __ = _____

b) 451, 738, 106, 822   c) 914, 259, 545, 761

---

4 Zähle in Schritten. Dein Partner notiert die Zahlen im Heft.

a) Immer 20 weiter: 820, 840, …, 1000   b) Immer 20 zurück: 300, 280, …, 0

c) Immer 30 weiter: 700, 730, …, 1000   d) Immer 30 zurück: 410, 380, …, 200

26

Nachbarzehner bestimmen.
Vor und zurück zum Nachbarzehner
rechnen. In Schritten zählen.

Die Nachbarzehner von …
heißen … und …
Ich ergänze … zum nächsten Zehner.

Vom Zahlenstrahl zum Rechenstrich

Die Nachbarhunderter von 321 sind 300 und 400.

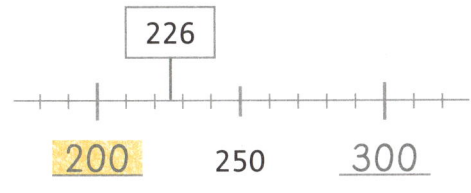

300   400

NH	Z	NH
300	321	400

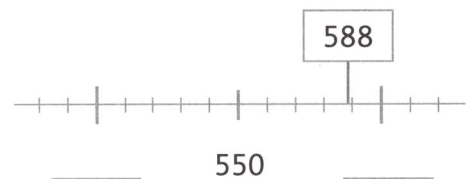

1 Trage die Nachbarhunderter ein. Markiere den Hunderter, der näher an der Zahl liegt.

a)

226

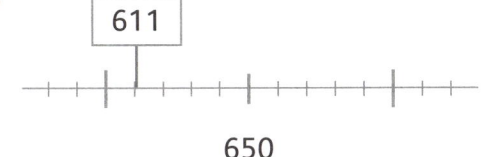

200   250   300

b)

588

_____   550   _____

c)

611

_____   650   _____

d)

754

_____   750   _____

2 Wie heißen die Nachbarhunderter (NH)? Markiere den Hunderter, der näher an der Zahl liegt.

NH	Z	NH
400	452	500
	378	
	591	

NH	Z	NH
	159	
	281	
	740	

NH	Z	NH
	827	
	960	
	120	

NH	Z	NH
	632	
	766	
	429	

3 Zähle in Schritten. Dein Partner notiert die Zahlen im Heft.

a) Immer 100 weiter: 31, 131, ..., 931

b) Immer 100 zurück: 983, 883, ..., 83

c) Immer 200 weiter: 56, ..., 856

d) Immer 200 zurück: 864, ..., 64

4 Zähle am Zahlenstrahl zurück.

a) 100 − 1   b) 300 − 1   c) 400 − 2   d) 1 000 − 1   e) 700 − 5

100 − 3   300 − 2   400 − 4   1 000 − 3   700 − 10

Nachbarhunderter bestimmen.
In Schritten vorwärts und rückwärts zählen.

Die Nachbarhunderter von ...
heißen ... und ...
... liegt näher an ...

Vom Zahlenstrahl zum Rechenstrich

1 <, > oder = ?

a) 45 ◯ 129   274 ◯ 247   678 ◯ 622   751 ◯ 157

776 ◯ 767   673 ◯ 673   121 ◯ 221   338 ◯ 383

b) 5 H 3 Z 4 E ◯ 543   9 H 3 Z ◯ 931   6 H 5 Z ◯ 655   464 ◯ 4 H 4 Z 6 E

7 H 4 Z 1 E ◯ 741   3 H 2 E ◯ 274   6 H 5 E ◯ 605   404 ◯ 4 H 4 Z

---

2 Ordne die Zahlen der Größe nach. Beginne mit der kleinsten Zahl.

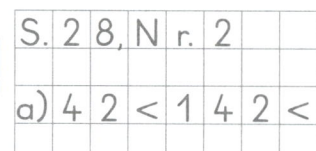

a) ~~142~~   ~~42~~   440   444

b) 889   898   697   797

c) 703   799   700   730

d) 998   997   360   306

---

3 a) Male alle passenden Zahlen an.

560 >    769 <

 558   559   560   561   764   766   770   777

b) Male alle passenden Zahlen an und ergänze eine passende Zahl.

655 < < 666   4 H 8 E <  < 4 H 1 Z 8 E

650   656   662   4 Z 8 E   4 H 9 E   4 H 1 Z 3 E

4

Meine Zahl ist der Nachfolger von 499.

Die Zahl heißt _____.

 Meine Zahl hat die Nachbarhunderter 300 und 400. Sie besteht aus 3 gleichen Ziffern.

Die Zahl heißt _____.

 Meine Zahl ist der größere Nachbarzehner von 278.

Die Zahl heißt _____.

Zahlen vergleichen und ordnen.
Lösungsmenge bestimmen und markieren.
Zahlenrätsel lösen.

... ist kleiner als ... ist kleiner als ...
... ist größer als ...

Vom Zahlenstrahl zum Rechenstrich

der Rechenstrich

Wo ist die Zahl 500?

Hier ist etwa die Mitte zwischen 0 und 1000. Dann ist das ungefähr 500.

0   1000

1 Trage folgende Zahlen auf dem Rechenstrich ein. Wo sind sie ungefähr?

a) 250, 500, 750, 800

0   1000

b) 100, 400, 600, 900

0   1000

c) 125, 375, 700, 850

0   1000

2 Trage folgende Zahlen auf dem Rechenstrich ein. Wo sind sie ungefähr?

a) 50, 250, 499

0   500

b) 259, 350, 420

250   500

c) 653, 671, 699

650   700

3 Zeichne einen Rechenstrich und trage die Zahlen ein.

a) 190, 200, 230

190

b) 400, 450, 453

c) 680, 700, 722

d) 944, 967, 978

e) 789, 800, 833

f) 172, 200, 211

Zahlen auf dem Rechenstrich einzeichnen.
Wie bist du vorgegangen?

2

Ich bestimme ungefähr die Abstände zwischen den Zahlen. Ich achte auf die richtige Reihenfolge der Zahlen.

29

1 a)

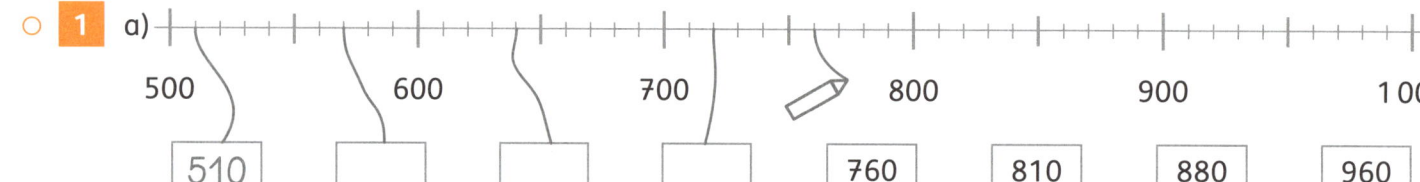

| 500 | 600 | 700 | | 800 | 900 | 1000 |

| 510 | | | | 760 | 810 | 880 | 960 |

b)

| 510 | 520 | 530 | 540 | | 290 | 300 | 310 | 320 |

| | | | | | 299 | 305 | 311 | 316 |

2

V	Z	N
	388	
	461	

NZ	Z	NZ
	388	
	461	

NH	Z	NH
	388	
	461	

NH	Z	NH
	702	
	590	

3 Rechne vor und zurück zu den Nachbarzehnern.

$253 + \_\_ = \underline{260}$ $378 + \_\_ = \underline{\quad}$ $604 + \_\_ = \underline{\quad}$ $921 + \_\_ = \underline{\quad}$

$253 - \_\_ = \underline{250}$ $378 - \_\_ = \underline{\quad}$ $604 - \_\_ = \underline{\quad}$ $921 - \_\_ = \underline{\quad}$

4 Ordne die Zahlen der Größe nach. Beginne mit der kleinsten Zahl.

a) | 153 | 53 | 503 | 553 |

b) | 662 | 266 | 602 | 626 |

c) | 101 | 10 | 110 | 1000 |

d) | 373 | 337 | 377 | 733 |

5

327

Ich zähle rückwärts bis 300.
327, 326, 325, 324, ...

Zum Nachbarhunderter zählen:

Eine Zahl nennen.

Der Partner zählt vorwärts oder rückwärts zum näher liegenden Nachbarhunderter.

Gespielt mit: _____

30

Fehlende Zahlen am Zahlenstrahl ergänzen.
Nachbarzahlen, -zehner und -hunderter bestimmen.
Zahlen ordnen. Zählen.

Vom Zahlenstrahl zum Rechenstrich

1 Zeichne immer gleich große Sprünge ein.

a) von 600 zu 700 in 2 Sprüngen

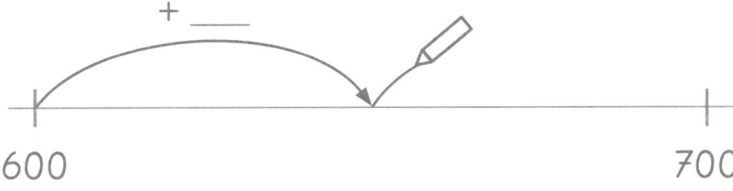

+ ____

600   700

b) von 420 zu 500 in 2 Sprüngen

c) von 700 zu 910 in 3 Sprüngen

d) von 40 zu 240 in 4 Sprüngen

2 Zeichne immer gleich große Sprünge von 400 bis 500 ein. Finde verschiedene Möglichkeiten.
Präsentiere.

a)

400   450   500

b)

400   450   500

c)

400   450   500

d)

400   450   500

3

Meine Zahl ist größer als 710 und kleiner als 730. 2 Ziffern sind gleich.

Diese Zahlen können es sein: _____, _____, _____ und _____.

Meine Zahl ist größer als 850 und kleiner als 901. Sie hat mindestens eine Null.

Diese Zahlen können es sein: _____, _____, _____, _____ und _____.

Sprünge am Rechenstrich und Zahlenstrahl einzeichnen. Ergebnisse präsentieren.
Zahlenrätsel lösen, erfinden und evtl. eine Tonaufnahme erstellen.

Rechnen ohne Hunderterübergang

Addition

die Addition

addieren

der Summand

die Summe

$200 + 500$

Ich addiere 2 und 5.
Die Summe ist 7.
Das kann ich schon.

Ich addiere 200 und 500.
Die Summe ist 700.

$200 + 500 = 700$

!

Addition	200	+	500	=	700
addieren	Summand		Summand		Summe

1

$200 + 100 =$ _____ $600 + 300 =$ _____ $700 + 200 =$ _____ $400 + 400 =$ _____

2 a) $500 + 100 =$ _____   b) $300 + 500 =$ _____   c) $100 + 800 =$ _____   d) $200 + 700 =$ _____

  $500 + 400 =$ _____ $300 + 400 =$ _____ $100 + 600 =$ _____ $200 + 300 =$ _____

  $500 + 500 =$ _____ $300 + 700 =$ _____ $100 + 100 =$ _____ $200 + 400 =$ _____

  $500 + 200 =$ _____ $300 + 300 =$ _____ $100 + \ 0 =$ _____ $200 + 600 =$ _____

🔑 100 200 500 600 600 600 700 700 700 700 800 800 900 900 900 1000 1000

3 Ergänze und verbinde.

Der 1. Summand ist 200.	Der 2. Summand ist 300.	Die Summe heißt 1 000.
Der 1. Summand ist 600.	Der 2. Summand ist 800.	Die Summe heißt 400.
Der 1. Summand ist _____	Der 2. Summand ist 200.	Die Summe heißt 900.
Der 1. Summand ist _____	Der 2. Summand ist 500.	Die Summe heißt 800.

Additionsaufgaben mit Hilfe der Analogieaufgabe
lösen, Geheimschrift nutzen.
Begriffe der Addition zuordnen.

Der 1. Summand lautet ...
und der 2. Summand lautet ...
Dann ist die Summe ...

Rechnen ohne Hunderterübergang

Addition

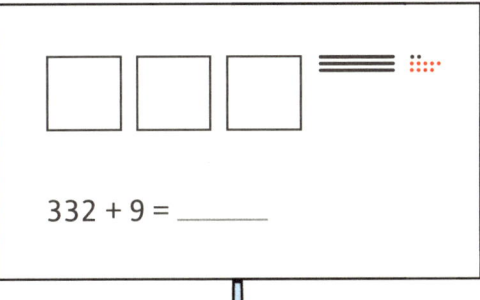

1 a)  35 + 3 = _____

 235 + 3 = _____

b) 42 + 9 = _____

342 + 9 = _____

c) 77 + 6 = _____

477 + 6 = _____

2

+	4	6	8
73			
673			

+	3	5	7
34			
534			

+	6	7	8
69			
869			

3 Froschaufgaben mit Pfiff

a)
55 + 4 = _____

155 + 4 = _____

255 + 4 = _____

_____

1. Summand immer _____

2. Summand immer _____

Summe immer _____

b)
7 + 189 = _____

7 + 389 = _____

7 + 589 = _____

_____

1. Summand immer _____

2. Summand immer _____

Summe immer _____

c)
72 + 5 = _____

372 + 5 = _____

672 + 5 = _____

_____

1. Summand immer _____

2. Summand immer _____

Summe immer _____

Additionsaufgaben mit Hilfe der Analogieaufgabe lösen. Geheimschrift nutzen. Muster in Froschaufgaben fortsetzen, beschreiben.
MK Algorithmen erkennen 3

Wenn der 1. Summand um … größer wird und der 2. Summand gleich bleibt, dann wird die Summe …

33

Rechnen ohne Hunderterübergang

Addition

| 432 + 50 | | 432 + 500 |

Es kommen 5 Zehner dazu.

Es kommen 5 Hunderter dazu.

1 a) 235 + 20 = _____

235 + 200 = _____

b) 142 + 40 = _____

142 + 400 = _____

c) 357 + 30 = _____

357 + 300 = _____

Denke an die Tauschaufgabe!

2 a) 231 + 10 = _____ b) 136 + 700 = _____ c) 30 + 647 = _____ d) 500 + 151 = _____

231 + 20 = _____   136 + 600 = _____   30 + 469 = _____   500 + 226 = _____

231 + 30 = _____   136 + 500 = _____   30 + 356 = _____   500 + 318 = _____

231 + 40 = _____   136 + 400 = _____   30 + 233 = _____   500 + 443 = _____

241   251   261   263   271   386   499   536   636   651   677   726   736   818   836   943   945

3 a) 354 +   2 = _____ b) 501 +   3 = _____ c) 241 +   4 = _____ d) 121 +   7 = _____

354 + 20 = _____   501 + 30 = _____   241 + 40 = _____   121 + 70 = _____

354 + 200 = _____   501 + 300 = _____   241 + 400 = _____   121 + 700 = _____

Additionsaufgaben mit Material oder der Geheimschrift lösen oder Tauschaufgabe nutzen.

Die Einer bleiben gleich, wenn ich volle Zehner oder Hunderter addiere.

Rechnen ohne Hunderterübergang

Addition

55 + 31

255 + 31

1 a)
65 + 23 =
165 + 23 = _____

270 + 19 = _____

351 + 28 = _____

b)
_____
655 + 34 = _____

_____
461 + 27 = _____

_____
732 + 67 = _____

2

+	25	34	47	58	19
23					
223					
723					

+	50	55	36	48	29
37					
137					
637					

3 Fahre auf und ab mit dem Fahrstuhl. Kontrolliere mit der Lösungszahl.

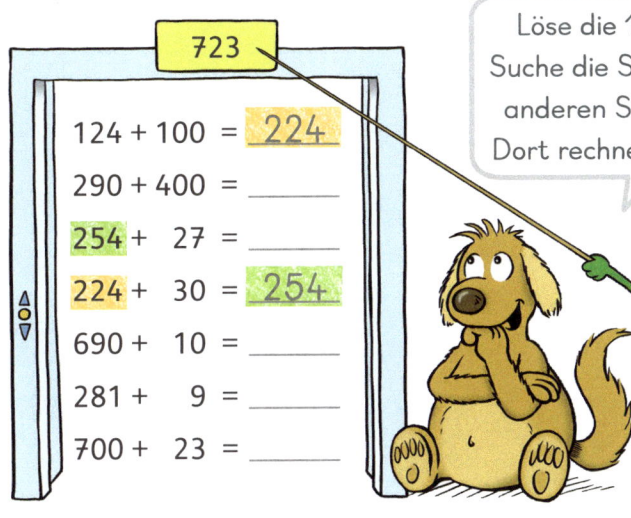

723

124 + 100 = 224
290 + 400 = _____
254 + 27 = _____
224 + 30 = 254
690 + 10 = _____
281 + 9 = _____
700 + 23 = _____

Löse die 1. Aufgabe.
Suche die Summe in den
anderen Stockwerken.
Dort rechnest du weiter.

Kontrolliere
am Ende.

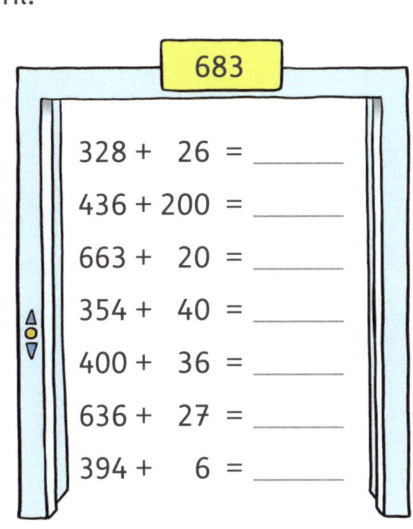

683

328 + 26 = _____
436 + 200 = _____
663 + 20 = _____
354 + 40 = _____
400 + 36 = _____
636 + 27 = _____
394 + 6 = _____

Additionsaufgaben mit Hilfe der Analogieaufgabe lösen.
Fahrstuhlaufgaben kennenlernen und lösen.

Ich löse die 1. Aufgabe. Dann suche ich
die Summe in den anderen Stockwerken.
Dort rechne ich weiter.

Rechnen ohne Hunderterübergang

Subtraktion

600 – 200

Ich subtrahiere 2 von 6.
Die Differenz ist 4.
Das kann ich schon.

Ich subtrahiere
200 von 600.
Die Differenz ist 400.

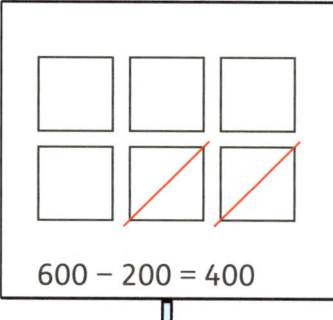

600 – 200 = 400

die Subtraktion
subtrahieren
der Minuend
der Subtrahend
die Differenz

!

Subtraktion	600	–	200	=	400
subtrahieren	Minuend		Subtrahend		Differenz

1

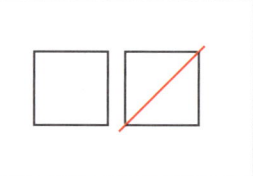

200 – 100 = _____

700 – 400 = _____

900 – 700 = _____

800 – 800 = _____

2 a) 900 – 600 = _____ b) 500 – 300 = _____ c) 1 000 – 200 = _____ d) 700 – 200 = _____

   900 – 500 = _____   900 – 300 = _____   1 000 – 400 = _____   500 – 200 = _____

   900 – 200 = _____   700 – 300 = _____   1 000 – 100 = _____   200 – 200 = _____

   900 – 400 = _____   600 – 300 = _____   1 000 – 500 = _____   400 – 200 = _____

0 200 200 300 300 300 400 400 500 500 500 600 600 700 800 800 900

3 Verbinde.

Der Minuend ist 300.	Der Subtrahend ist 100.	Die Differenz heißt 800.
Der Minuend ist 600.	Der Subtrahend ist 100.	Die Differenz heißt 600.
Der Minuend ist 800.	Der Subtrahend ist 300.	Die Differenz heißt 200.
Der Minuend ist 900.	Der Subtrahend ist 200.	Die Differenz heißt 300.

Subtraktionsaufgaben mit Hilfe der Analogieaufgabe
lösen, Geheimschrift nutzen.
Begriffe der Subtraktion zuordnen.

Der Minuend lautet …
und der Subtrahend lautet …
Dann ist die Differenz …

Rechnen ohne Hunderterübergang

Subtraktion

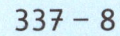 337 – 8

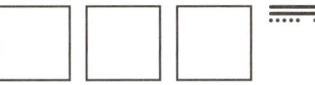

Ich subtrahiere 8 von 37.
Die Differenz ist 29.
Das kann ich schon.

Ich subtrahiere 8 von 337.
Die Differenz ist _____ .

337 – 8 = _____

1 a)  35 – 3 = _____

235 – 3 = _____

b) 42 – 9 = _____

342 – 9 = _____

c) 63 – 6 = _____

463 – 6 = _____

2

–	3	4	5
73			
973			

–	3	5	2
34			
534			

–	6	7	8
61			
761			

3 Froschaufgaben mit Pfiff

a)
55 – 4 = _____
255 – 4 = _____
455 – 4 = _____
_____

Minuend immer _____
Subtrahend immer _____
Differenz immer _____

b)
182 – 2 = _____
182 – 5 = _____
182 – 8 = _____
_____

Minuend immer _____
Subtrahend immer _____
Differenz immer _____

c)
42 – 9 = _____
342 – 9 = _____
642 – 9 = _____
_____

Minuend immer _____
Subtrahend immer _____
Differenz immer _____

Subtraktionsaufgaben mit Hilfe der Analogieaufgabe lösen.
Geheimschrift nutzen. Muster in Froschaufgaben fortsetzen, beschreiben.
MK Algorithmen erkennen 3

Wenn der Minuend um ... größer
wird und der Subtrahend gleich bleibt,
dann wird die Differenz ...

37

Rechnen ohne Hunderterübergang

Subtraktion

682 − 50

682 − 500

1 a) 235 − 20 = _____

235 − 200 = _____

b) 451 − 30 = _____

451 − 300 = _____

c) 673 − 60 = _____

673 − 600 = _____

2 a) 251 − 20 = _____   b) 551 − 200 = _____   c) 647 − 30 = _____   d) 926 − 500 = _____

251 − 30 = _____   551 − 300 = _____   542 − 30 = _____   818 − 500 = _____

251 − 40 = _____   551 − 400 = _____   476 − 30 = _____   763 − 500 = _____

251 − 50 = _____   551 − 500 = _____   233 − 30 = _____   643 − 500 = _____

 51 143 151 201 203 211 221 231 251 263 318 351   426 446 512 522 617

3 a) 959 −   5 = _____   b) 896 −   4 = _____   c) 999 −   8 = _____   d) 794 −   7 = _____

959 − 50 = _____   896 − 40 = _____   999 − 80 = _____   794 − 70 = _____

959 − 500 = _____   896 − 400 = _____   999 − 800 = _____   794 − 700 = _____

Subtraktionsaufgaben mit Material oder der Geheimschrift lösen.

Die Einer bleiben gleich, wenn ich nur volle Zehner oder Hunderter subtrahiere.

Rechnen ohne Hunderterübergang

Subtraktion

86 – 31

286 – 31

○ **1** a) 65 – 23 = _____   _____   _____

 365 – 23 = _____   775 – 34 = _____   469 – 58 = _____

b) _____   _____   _____

842 – 32 = _____   573 – 62 = _____   679 – 67 = _____

○ **2**

–	30	33	38	50	56
83					
583					
983					

–	70	69	40	38	19
84					
384					
984					

○ **3** Fahre auf und ab mit dem Fahrstuhl. Kontrolliere mit der Lösungszahl.

303

786 – 300 = 486
400 – 20 = _____
486 – 20 = _____
380 – 50 = _____
460 – 60 = _____
330 – 27 = _____
466 – 6 = _____

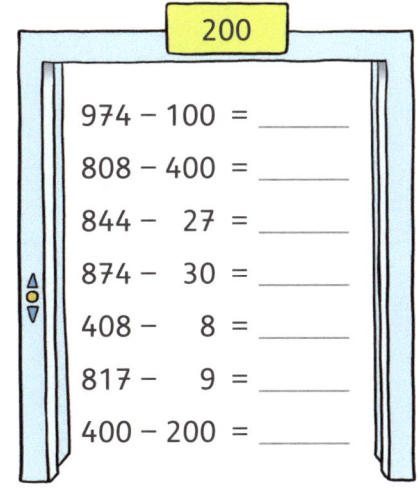

200

974 – 100 = _____
808 – 400 = _____
844 – 27 = _____
874 – 30 = _____
408 – 8 = _____
817 – 9 = _____
400 – 200 = _____

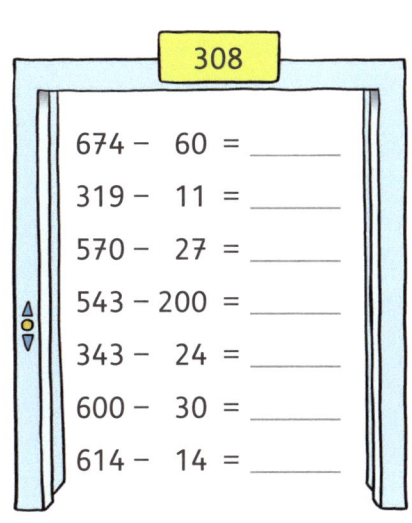

308

674 – 60 = _____
319 – 11 = _____
570 – 27 = _____
543 – 200 = _____
343 – 24 = _____
600 – 30 = _____
614 – 14 = _____

Subtraktionsaufgaben mit Hilfe der Analogieaufgabe lösen.
Fahrstuhlaufgaben lösen.

Ich löse die 1. Aufgabe. Dann suche ich die Differenz in den anderen Stockwerken. Dort rechne ich weiter.

39

Rechnen ohne Hunderterübergang

1 a) 445 +   3 = _____   b) 445 −   3 = _____   c) 533 + 9 = _____   d) 533 − 9 = _____

445 + 30 = _____   445 − 30 = _____   136 + 28 = _____   136 − 28 = _____

445 + 300 = _____   445 − 300 = _____   946 + 37 = _____   946 − 37 = _____

445 + 31 = _____   445 − 31 = _____   172 + 19 = _____   172 − 19 = _____

🔑 108 145 153 164 191 414 415 442 446 448 475 476 524 542 745 909 983

2

+	4	20	24	32	39
45					
945					

+	3	9	20	43	68
14					
614					

🔑 17 23 34 49 57 65 69 77 82 84 617 623 632 634 657 682 949 965 969 977 984

3

−	3	40	44	62	58
95					
995					

−	3	9	40	36	79
84					
784					

🔑 5 33 37 44 48 51 55 75 81 92 705 744 748 775 781 782 933 937 951 955 992

---

4 a) Immer + 4, − 7.

127 — 131 — ⬯ — ⬯ — ⬯ — ⬯ — 118

Immer − 28, + 15.

995 — 967 — ⬯ — ⬯ — ⬯ — ⬯ — 956

Immer + 31, − 16.

625 — 656 — ⬯ — ⬯ — ⬯ — ⬯ — 670

b) Immer − 9, + 12.

⬯ — ⬯ — ⬯ — ⬯ — 348 — 360 — ⬯ — ⬯

Immer + 34, − 29.

⬯ — ⬯ — 716 — ⬯ — ⬯ — ⬯ — 726

---

5 Verbinde.

Der Minuend ist 834.	Der 2. Summand ist 38.	Die Differenz heißt 516.
Der 1. Summand ist 737.	Der Subtrahend ist 41.	Die Summe heißt 795.
Der Minuend ist 557.	Der Subtrahend ist 29.	Die Differenz heißt 805.
Der 1. Summand ist 424.	Der 2. Summand ist 58.	Die Summe heißt 462.

Additions- und Subtraktionsaufgaben üben.
Zahlenfolgen fortsetzen. Begriffe zuordnen.

Ich setze die Zahlenfolge fort.
Ich addiere zuerst 4 und dann
subtrahiere ich 7.

Rechnen ohne Hunderterübergang

1 a)

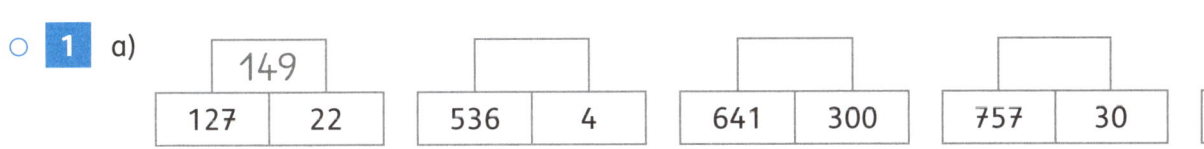

149				
127	22			

536 | 4   641 | 300   757 | 30   864 | 27

b)

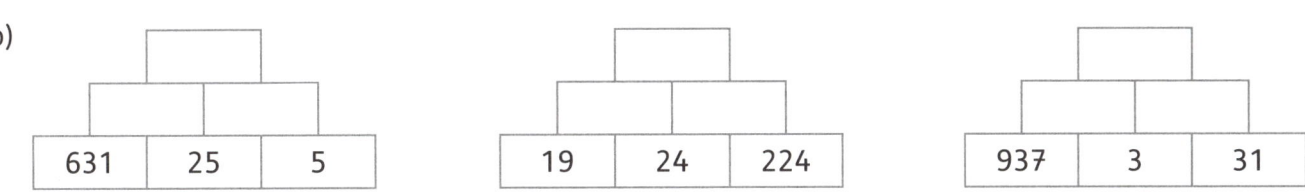

631 | 25 | 5   19 | 24 | 224   937 | 3 | 31

2 a)

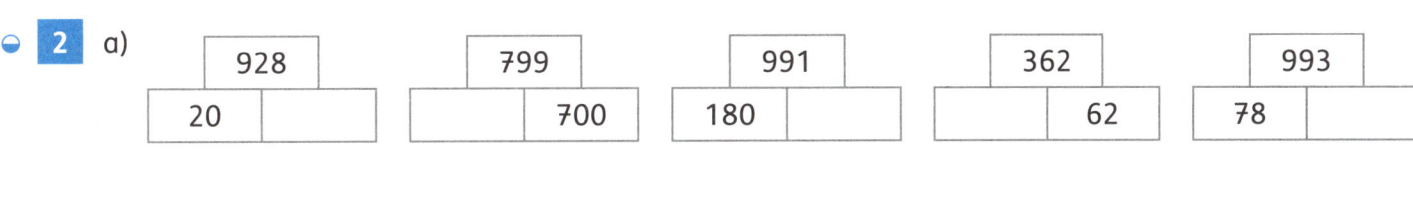

928 / 20   799 / 700   991 / 180   362 / 62   993 / 78

b)

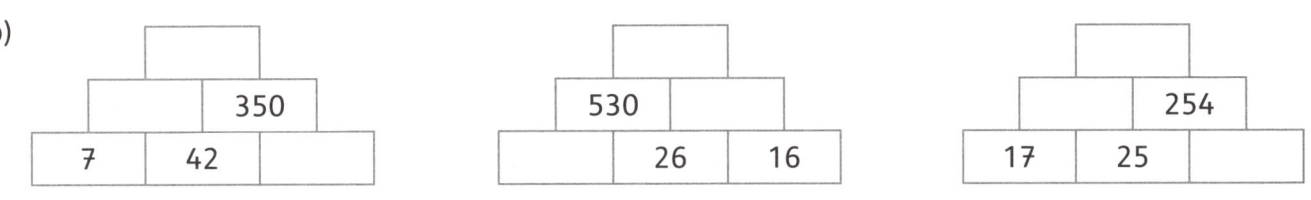

350 / 7 / 42   530 / 26 / 16   254 / 17 / 25

3 a)

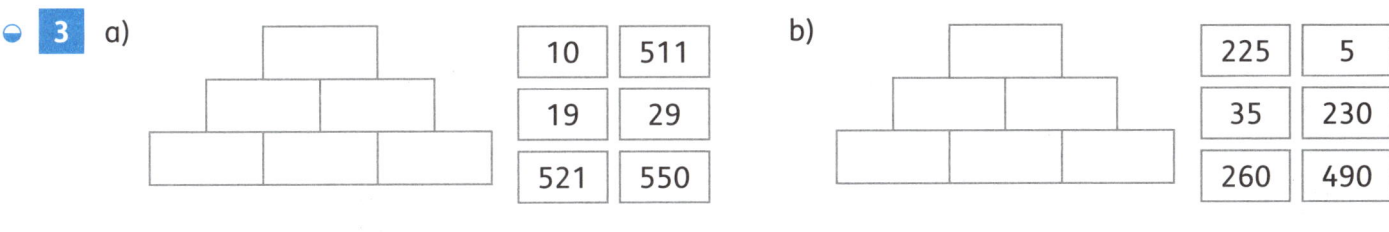

10	511
19	29
521	550

b)

225	5
35	230
260	490

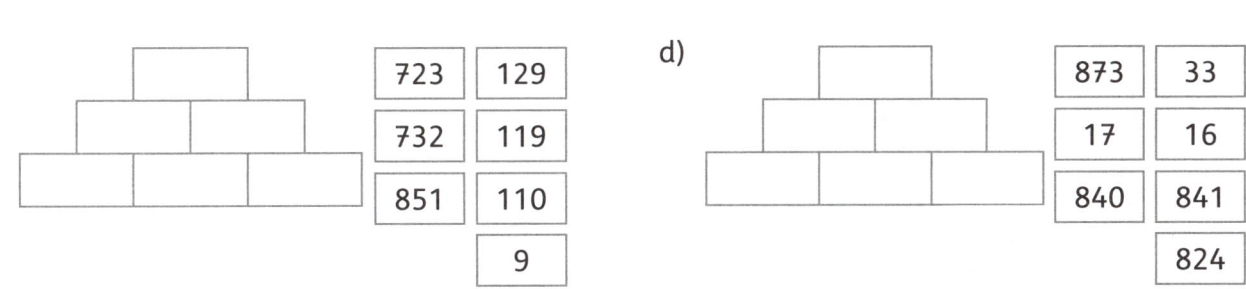

Bei c) und d) bleibt immer eine Zahl übrig.

c)

723	129
732	119
851	110
	9

d)

873	33
17	16
840	841
	824

e) Wie bist du vorgegangen? Beschreibe. Präsentiere deine Lösungen.

_____

_____

Zahlenmauern durch Addition, Ergänzen oder Subtraktion lösen und Ergebnisse präsentieren.
Wie hast du die Zahlenmauern gebaut?

3

Als Grundsteine wähle ich ...
Der Stein in der Mitte links ist ...
Der Zielstein lautet ...

41

Rechnen ohne Hunderterübergang

1 a) $88 + 5 =$ _____

 $588 + 5 =$ _____

b) 🐸 $56 - 7 =$ _____

🐶 $356 - 7 =$ _____

2

+	30	33	38	50	56
33					
533					
933					

−	30	33	38	50	56
83					
583					
983					

3 Fahre auf und ab mit dem Fahrstuhl. Kontrolliere mit der Lösungszahl.

827

$127 + 100 = \underline{227}$
$427 + 100 =$ _____
$227 + 100 =$ _____
$527 + 100 =$ _____
$327 + 100 =$ _____
$627 + 100 =$ _____
$727 + 100 =$ _____

295

$995 - 100 =$ _____
$595 - 100 =$ _____
$895 - 100 =$ _____
$795 - 100 =$ _____
$495 - 100 =$ _____
$695 - 100 =$ _____
$395 - 100 =$ _____

528

$136 + 100 =$ _____
$326 - 100 =$ _____
$220 + 300 =$ _____
$236 + 100 =$ _____
$226 - \ \ \ 6 =$ _____
$336 - 10 =$ _____
$520 + \ \ \ 8 =$ _____

4

Zahlenmauern bauen:

Eine Zahlenmauer ausdenken.

Die Zahlen auf Karten schreiben.

Der Partner legt daraus eine

Zahlenmauer.

Gespielt mit: _____

Rechnen ohne Hunderterübergang

1 Baue die Mauer so, dass die beiden äußeren Grundsteine gleich sind.

Hier rechne ich einfach 300 + 275.

Wenn ich hier 65 einsetze, erhalte ich für den Grundstein rechts außen 35. Jetzt probiere ich es mit 50.

125	300	275	

65	60	240	35
50			

2

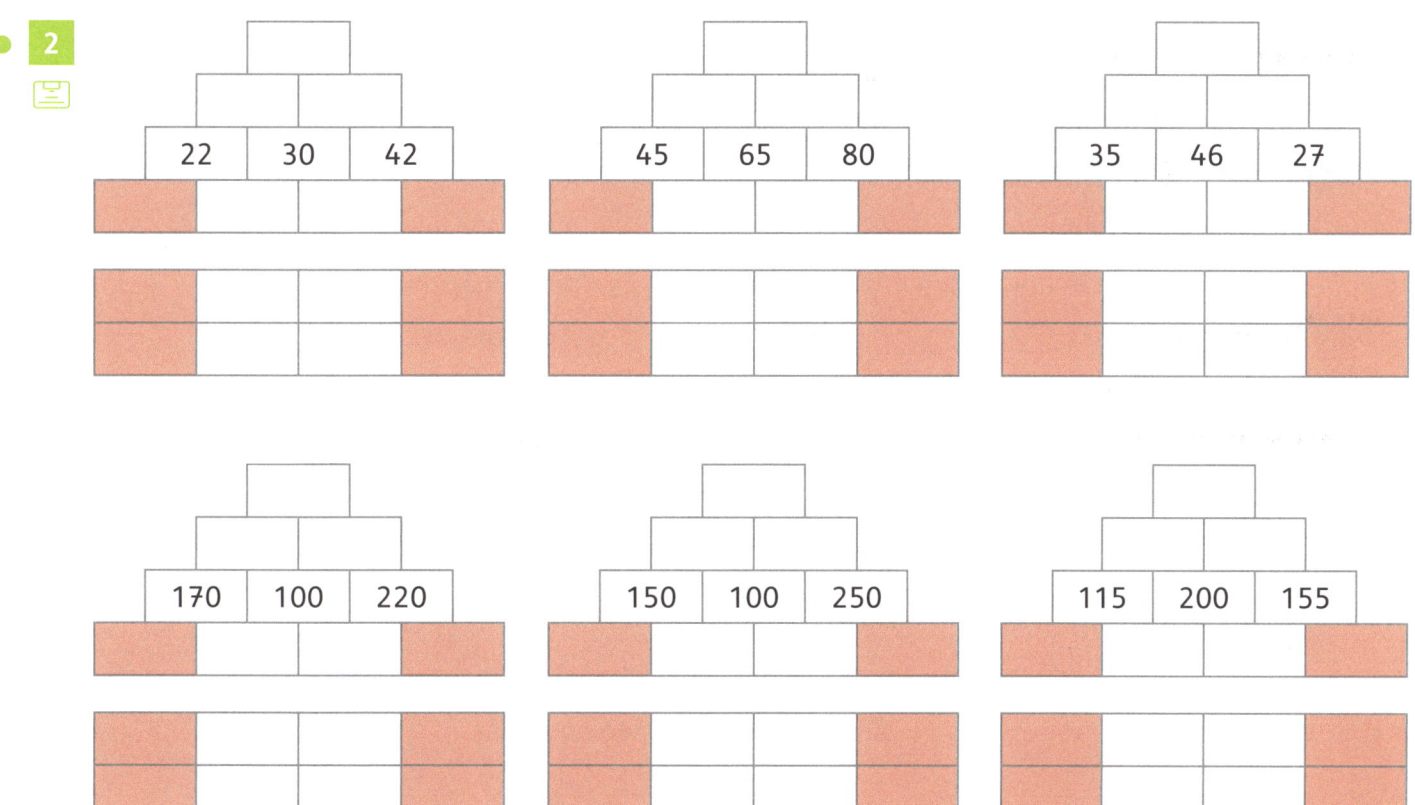

22	30	42

45	65	80

35	46	27

170	100	220

150	100	250

115	200	155

3 Erfinde eine eigene Zahlenmauer, bei der die beiden äußeren Grundsteine gleich groß sind. Starte mit beliebigen Zahlen in den grünen Steinen. Präsentiere.

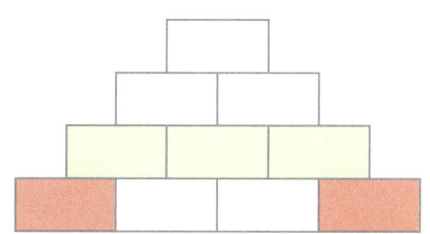

Zahlenmauern mit Hilfe der Addition und der Subtraktion probierend lösen. Ergebnisse präsentieren.

Sachrechnen

Mini und Max machen Urlaub. Den ersten Tag verbringen sie am Waldsee.

Sie kommen um 10.00 Uhr dort an. Abends feiern sie mit Freunden eine Party.

Als sie um 19.00 Uhr das Zelt betreten, tanzen Mäuse und Fliegen wild durcheinander.

1 Welche Fragen kannst du mit Hilfe des Textes oder des Bildes beantworten? Kreuze sie an.

☐ In welcher Stadt liegt der Waldsee?

☐ Wer feiert schon im Zelt?

☐ Wie viele Beine zählt Mini?

☐ Wie viele Reifen hat das Taxi?

☐ Um wie viel Uhr sind Mini und Max losgefahren?

☐ Wie viele Beine hat eine Fliege?

☐ Wie viele Mäuse und Fliegen sind im Zelt?

☐ Um wie viel Uhr holt das Taxi den Hasen wieder ab?

☐ Ist Max geschwommen?

2 a) Welche Fragen von Nr. 1 kannst du nur rechnerisch lösen? Markiere sie. ✏️

b) Löse und beantworte eine markierte Frage im Heft.

3 Verändere den Text so, dass du alle Fragen ankreuzen könntest.

🎤 _____

_____

_____

_____

_____

_____

_____

Fragen zu einer Sachrechensituation klassifizieren.
Sachaufgaben lösen, beantworten und evtl. eine Tonaufnahme erstellen.
MK Informationsauswertung 1 – 3

Diese Frage kann ich beantworten, denn ich sehe ... im Bild.
Bei dieser Frage muss ich rechnen.

Sachrechnen

Am nächsten Tag gehen Mini und Max auf einen Bauernhof. Sie gehen in den Hühnerstall. Dort brüten viele Hennen. Eine Henne kann bis zu 15 Eier mit ihrem Gefieder warmhalten. Nach 21 Tagen schlüpfen die Küken.

1 a) Welche Tabelle passt zum Sachtext? Kreuze an.

Hennen	1	5	10
Eier	15	75	175

Hennen	1	2	3
Eier	21	42	63

Hennen	1	3	6
Eier	15	45	90

b) Begründe deine Entscheidung.

_____

_____

2 Mini und Max | zählen | 112 | Hühner. | Es | kommen | 76 | Küken | dazu.

a) Wie viele sind es zusammen?

Lösungsweg:

b) Markiere die Satzbausteine, die verändert wurden.

Isabella und Mia | sehen | 112 | Enten. | Es | kommen | 76 | Fliegen | dazu.

c) Welche Satzbausteine kannst du beliebig verändern, sodass der Lösungsweg gleich bleibt? Male die Satzbausteine an.

Mini und Max | zählen | 112 | Hühner. | Es | kommen | 76 | Küken | dazu.

d) Verändere die farbigen Satzbausteine beliebig. Notiere einen neuen Sachtext.

Tabellen einem Sachtext zuordnen. Satzbausteine in einem Text verändern.
Welche Satzbausteine sind für den Lösungsweg wichtig?
MK Informationsauswertung 1

Diese Satzbausteine kann ich beliebig verändern, denn …
Dieser Satzbaustein ist wichtig, denn …

45

Sachrechnen

Mini und Max gehen in den Kuhstall. Sie sehen 9 Kühe und 11 Kälber. Alle Kühe kann man melken, weil sie vorher ein Kälbchen geboren haben. Eine Kuh wird 2-mal am Tag gemolken. Dabei gibt sie jeweils ungefähr 25 Liter Milch. Mini und Max schauen sich die Melkmaschine ganz genau an. Mini fragt: „Wie viele Liter Milch gibt eine Kuh am Tag?" Max fragt: „Wie viele Liter Milch geben alle Kühe an einem Tag zusammen?"

○ **1** Unterstreiche im Text die Sätze, die für die Beantwortung der Fragen von Mini und Max wichtig sind.

○ **2** Kürze den Text nun so, dass nur noch die wichtigen Informationen zur Beantwortung der Fragen enthalten sind.

_____

_____

_____

_____

○ **3** Mini fragt: „Wie viele Liter Milch gibt eine Kuh am Tag?"

Lösungsweg:

Antwort: _____

● **4** Max fragt: „Wie viele Liter Milch geben alle Kühe an einem Tag zusammen?"

Hilft dir eine Tabelle?

Lösungsweg:

Antwort: _____

Relevante Informationen in einem Text unterstreichen. Text nach Vorgabe kürzen. Fragen lösen und beantworten.
MK Informationsauswertung 1 – 4

4

Diese Information ist wichtig, weil ...
Die Aufgabe löse ich mit einer Tabelle, weil ...

Sachrechnen

Zum Schluss gehen Mini und Max in den Schweinestall. Im Schweinestall leben 5 Säue. Jede Sau kann in den nächsten Tagen bis zu 13 Ferkel bekommen. Jedes Ferkel wird von der Sau ungefähr 4 Wochen gesäugt. Mini fragt: „Wie viele Schweine sind demnächst ungefähr im Stall?"

1 Unterstreiche im Text die Sätze, die für die Beantwortung der Frage von Mini wichtig sind. ✏

2 Kürze den Text nun so, dass nur noch die wichtigen Informationen zur Beantwortung der Frage enthalten sind.

_____

_____

_____

_____

3 Mini fragt: „Wie viele Schweine sind demnächst ungefähr im Stall?"

Lösungsweg:

Antwort: _____

4 Es sind 110 Vögel. 20 Vögel fliegen weg.

$110 - 20 = 90$

Satzbausteine verwenden:

Satzbausteine aussuchen und dazu eine passende Rechengeschichte erzählen. Der Partner nennt die Rechenaufgabe und löst sie.

Gespielt mit: _____

Relevante Informationen in einem Text unterstreichen.
Text nach Vorgabe kürzen. Fragen lösen und beantworten.
MK Informationsauswertung 1 – 3

47

Addition mit Hunderterübergang

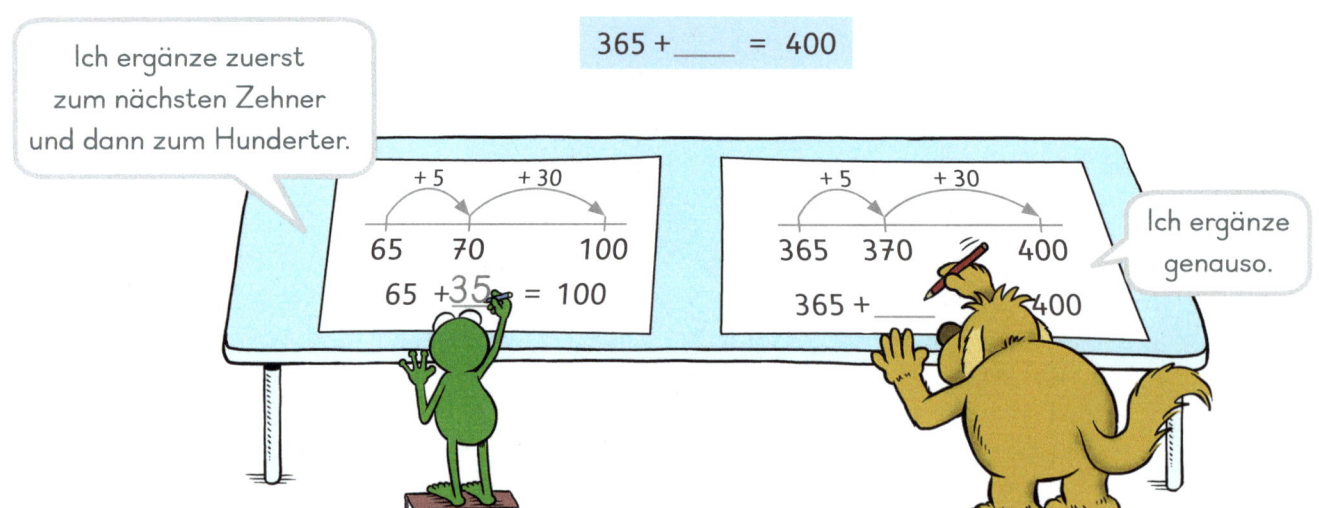

$$365 + \underline{} = 400$$

1. Ergänze in 2 Schritten zum nächsten Hunderter. Löse am Rechenstrich.

a) $56 + \underline{44} = \underline{100}$ $156 + \underline{} = \underline{}$

56   60   100   156 160   ____

b) $34 + \underline{} = \underline{}$ $234 + \underline{} = \underline{}$

c) $68 + \underline{} = \underline{}$ $468 + \underline{} = \underline{}$

d) $42 + \underline{} = \underline{}$ $642 + \underline{} = \underline{}$

e) $85 + \underline{} = \underline{}$ $585 + \underline{} = \underline{}$

2. Ergänze zum nächsten Hunderter. Zeichne einen Rechenstrich, wenn er dir hilft.

a) $788 + \underline{} = \underline{}$ b) $187 + \underline{} = \underline{}$ c) $329 + \underline{} = \underline{}$

$\quad\ 346 + \underline{} = \underline{}$ $465 + \underline{} = \underline{}$ $652 + \underline{} = \underline{}$

$\quad\ 431 + \underline{} = \underline{}$ $369 + \underline{} = \underline{}$ $803 + \underline{} = \underline{}$

$\quad\ 534 + \underline{} = \underline{}$ $578 + \underline{} = \underline{}$ $917 + \underline{} = \underline{}$

In 2 Schritten zur 100 und analog zum nächsten Hunderter ergänzen.

Ich ergänze zuerst zum nächsten Zehner und dann zum nächsten Hunderter.

Addition mit Hunderterübergang

Ich hüpfe zuerst zum nächsten Zehner, dann zum nächsten Hunderter und dann bis 1000.

$783 + \underline{\quad} = 1000$

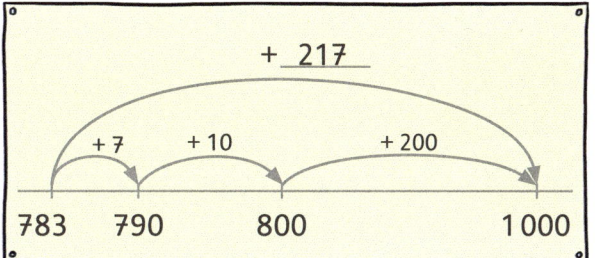

$+ \underline{\ 217\ }$

$+ 7$ $\qquad$ $+ 10$ $\qquad$ $+ 200$

783 $\quad$ 790 $\qquad$ 800 $\qquad\qquad$ 1000

1 Ergänze in 3 Schritten zu 1 000. Löse am Rechenstrich.

a) $455 + \underline{\ 545\ } = 1000$

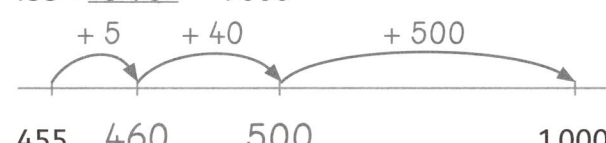

$+ 5$ $\qquad$ $+ 40$ $\qquad\qquad$ $+ 500$

455 $\quad$ $\underline{460}$ $\qquad$ $\underline{500}$ $\qquad\qquad$ 1 000

$231 + \underline{\qquad} = 1000$

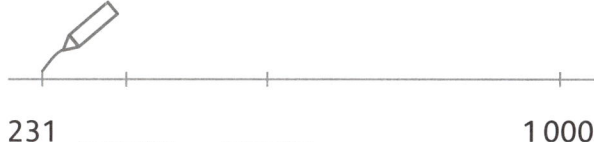

231 $\underline{\qquad}$ $\underline{\qquad}$ $\qquad$ 1 000

b) $576 + \underline{\qquad} = 1000$

576 $\underline{\qquad}$ $\underline{\qquad}$ $\qquad$ 1 000

$822 + \underline{\qquad} = 1000$

822 $\underline{\qquad}$ $\underline{\qquad}$ $\qquad$ 1 000

c) $543 + \underline{\qquad} = 1000$

$704 + \underline{\qquad} = 1000$

2 Ergänze zu 1 000. Zeichne einen Rechenstrich, wenn er dir hilft.

a) $378 + \underline{\qquad} = 1000$

$434 + \underline{\qquad} = 1000$

$636 + \underline{\qquad} = 1000$

$747 + \underline{\qquad} = 1000$

b) $283 + \underline{\qquad} = 1000$

$161 + \underline{\qquad} = 1000$

$428 + \underline{\qquad} = 1000$

$713 + \underline{\qquad} = 1000$

c) $899 + \underline{\qquad} = 1000$

$302 + \underline{\qquad} = 1000$

$555 + \underline{\qquad} = 1000$

$660 + \underline{\qquad} = 1000$

 101 $\quad$ 253 $\quad$ 287 $\quad$ 340 $\quad$ 364 $\quad$ 445 $\quad$ 566 $\quad$ 572 $\quad$ 622 $\quad$ 698 $\quad$ 717 $\quad$ 839 $\quad$ 939

Zu 1 000 ergänzen.

Zuerst ergänze ich zum nächsten Zehner, dann zum nächsten Hunderter, zuletzt zur 1 000.

49

Addition mit Hunderterübergang

380 + 50

382 + 50

Ich rechne in 2 Schritten.

380 + 50 = _____
380 + 20 = 400
400 + 30 = 430

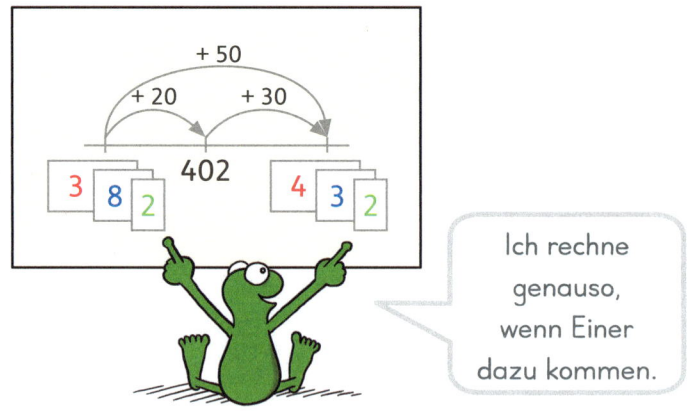

+ 50
+ 20   + 30
402
3 8 2   4 3 2

Ich rechne genauso, wenn Einer dazu kommen.

1 180 + 50 = _____   840 + 70 = _____   580 + 60 = _____   190 + 40 = _____

720 + 90 = _____   380 + 30 = _____   750 + 80 = _____   470 + 80 = _____

🔑 230 230 370 410 550 640 810 830 910

2 270 + 40 = _____   770 + 80 = _____   590 + 50 = _____   370 + 60 = _____

276 + 40 = _____   778 + 80 = _____   597 + 50 = _____   374 + 60 = _____

690 + 30 = _____   230 + 90 = _____   180 + 70 = _____   480 + 40 = _____

692 + 30 = _____   233 + 90 = _____   185 + 70 = _____   482 + 40 = _____

🔑 250 255 290 310 316 320 323 430 434 520 522 640 647 720 722 850 858

Denke an die Tauschaufgabe.

3 a) 70 + 460   b) 50 + 790   c) 380 + 70   d) 773 + 50   e) 720 + 80

60 + 450   40 + 670   386 + 70   444 + 80   720 + 81

30 + 670   90 + 860   570 + 60   882 + 60   660 + 70

80 + 680   60 + 940   571 + 60   763 + 60   660 + 73

🔑 430 450 456 510 524 530 630 631 700 710 730 733 760 800 801 823 823 840 942 950 1000

4

+	50	70	90
350			
352			
380			
384			

+	40	60	80
270			
275			
870			
873			

+	286	794	178
30			
40			
50			
0			

🔑 178 208 218 228 275 286 310 315 316 326 330 335 336 350 355 400 402 420 422 430 434 440
442 450 454 470 474 794 824 834 844 910 913 930 933 950 953

Additionsaufgaben mit Zehnern und Hunderterübergang lösen.

Ich zerlege den 2. Summanden so in Zehner, dass ich leicht addieren kann.

Addition mit Hunderterübergang

282 + 56

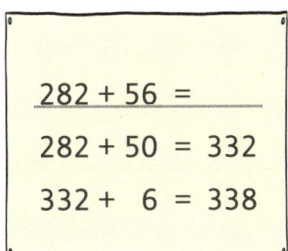

$282 + 56 =$ _____
$282 + 50 = 332$
$332 + 6 = 338$

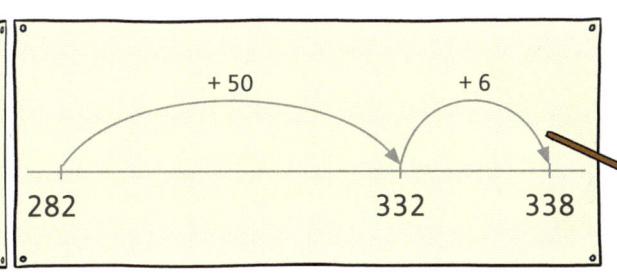

Ich addiere zuerst die Zehner, dann die Einer.

1

$368 + 70 =$ _____	$332 + 80 =$ _____	$781 + 60 =$ _____	$765 + 70 =$ _____
$368 + 72 =$ _____	$332 + 87 =$ _____	$781 + 69 =$ _____	$765 + 75 =$ _____
$594 + 50 =$ _____	$475 + 60 =$ _____	$586 + 80 =$ _____	$189 + 30 =$ _____
$594 + 55 =$ _____	$475 + 63 =$ _____	$586 + 81 =$ _____	$189 + 34 =$ _____

 219   223   412   419   438   440   535   538   644   649   666   667   735   835   840   841   850

2

	a)	b)	c)	d)	e)
	$197 + 52$	$388 + 61$	$864 + 52$	$796 + 33$	$777 + 33$
	$197 + 53$	$388 + 62$	$864 + 57$	$796 + 37$	$444 + 66$
	$485 + 43$	$562 + 57$	$653 + 91$	$142 + 84$	$555 + 55$
	$485 + 45$	$562 + 58$	$653 + 99$	$142 + 89$	$666 + 66$

 226   231   249   250   333   449   450   510   528   530   610   619   620   732   744   752   810   829   833   916   921

---

3 Die Regenbogenschule hat in diesem Schuljahr 186 Kinder, die in der Stadt wohnen.

Aus dem Nachbarort kommen 48 Kinder täglich mit dem Bus zu dieser Schule.

Kreuze die richtige Antwort an.

a) Wie viele Kinder besuchen insgesamt die Regenbogenschule?

☐ 214 Kinder   ☐ 224 Kinder   ☐ 234 Kinder   ☐ 244 Kinder

b) Wie viele Mädchen (M) und Jungen (J) wären es, wenn es gleich viele in der Regenbogen- schule gäbe?

☐ 107 M/J   ☐ 112 M/J   ☐ 117 M/J   ☐ Es können nicht gleich viele sein.

c) Wie viele Mädchen (M) und Jungen (J) wären es, wenn es 2 Mädchen mehr als Jungen gäbe?

☐ 109 M/107 J   ☐ 113 M/111 J   ☐ 118 M/116 J   ☐ 116 M/118 J

Addition mit Hunderterübergang

Halbschriftliche Addition

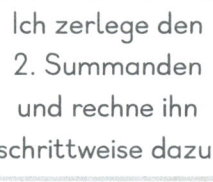

Ich zerlege den 2. Summanden und rechne ihn schrittweise dazu.

170 + 280

170 + 280 = ____
170 + 200 = 370
370 + 80 = 450

170 + 286

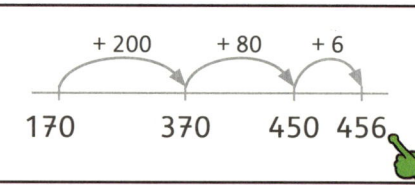

+ 200   + 80   + 6

170   370   450 456

Hier kommen noch 6 Einer dazu.

---

1 a)

+ 200   + 80

380   _580_ _660_

380 + 280 = ____
380 + _200_ = ____
____ + _80_ = ____

b)

290   ____ ____

290 + 370 = ____
290 + ____ = ____
____ + ____ = ____

c)

580   ____ ____

580 + 130 = ____
580 + ____ = ____
____ + ____ = ____

---

2 Notiere deinen Rechenweg.

a) 450 + 480   b) 160 + 780   c) 650 + 170   d) 260 + 550   e) 370 + 370
630 + 290   380 + 540   590 + 240   760 + 150   260 + 690

🗝 740 810 820 830 910 920 920 930 930 940 950

---

3 a)

+ 500

140   ____   ____ ____

140 + 576 = ____
140 + _500_ = ____
640 + ____ = ____
710 + ____ = ____

b)

480   ____   ____ ____

480 + 358 = ____
480 + ____ = ____
____ + ____ = ____
____ + ____ = ____

---

4 Notiere deinen Rechenweg.

a) 730 + 186   b) 490 + 267   c) 260 + 683   d) 168 + 150   e) 582 + 180
370 + 548   150 + 672   630 + 176   467 + 290   383 + 470

🗝 318 381 757 757 762 806 822 853 916 918 943

Additionsaufgaben mit Hunderterübergang halbschriftlich lösen. Dabei die Rechenschritte notieren.
⚙ Wie rechnest du?

Wenn ich halbschriftlich addiere, schreibe ich die Rechenschritte auf oder ich notiere sie am Rechenstrich.

Addition mit Hunderterübergang

Hundertertrick

478 + 197

Ich rechne schrittweise.

478 + 197 = ____
478 + 100 = 578
578 + 90 = 668
668 + 7 = ____

Zuerst 200 vor, dann 3 zurück.

+ 200
− 3
478   675 678

1 Rechne wie Max.

523 + 285 = ____   275 + 167 = ____   478 + 356 = ____
523 + ____ = ____   ____ + ____ = ____   ____ + ____ = ____
723 + ____ = ____   ____ + ____ = ____   ____ + ____ = ____
803 + ____ = ____   ____ + ____ = ____   ____ + ____ = ____

2 Nutze den Hundertertrick.

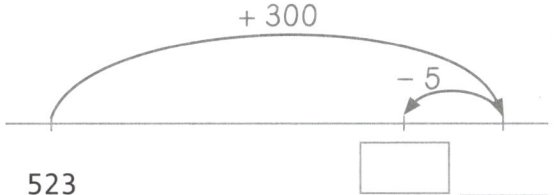

a) 523 + 295 = ____

523

+ 300
− 5

b) 186 + 799 = ____

186

c) 376 + 598 = ____

376

3 Markiere zuerst die Aufgaben, die du mit dem Hundertertrick rechnest. Löse dann alle Aufgaben.

a) 642 + 353   b) 270 + 695   c) 667 + 293   d) 144 + 488   e) 277 + 498
   399 + 120   473 + 390   453 + 239   348 + 393   144 + 366
   757 + 96   559 + 359   780 + 198   498 + 124   799 + 109

510 519 622 632 692 741 775 853 863 908 918 956 960 965 978 995

Den Hundertertrick als Rechenvorteil kennenlernen. Zahlenmaterial prüfen, um den geeigneten Rechenweg zu finden.

5

Wenn ein 3-stelliger Summand nah am Hunderter liegt, rechne ich mit dem Hundertertrick.

Addition mit Hunderterübergang

1 Ergänze in 2 Schritten zum nächsten Hunderter. Löse am Rechenstrich.

a) 83 + ____ = _____   83 ____ _____   683 + ____ = _____   683

b) 44 + ____ = _____   844 + ____ = _____

c) 7 + ____ = _____   907 + ____ = _____

2

780 + 40 = _____	436 + 80 = _____	273 + 50 = _____	372 + 76 = _____
786 + 40 = _____	774 + 80 = _____	273 + 59 = _____	495 + 44 = _____
190 + 20 = _____	567 + 90 = _____	348 + 70 = _____	683 + 95 = _____
192 + 20 = _____	653 + 90 = _____	348 + 74 = _____	576 + 32 = _____

 210   212   323   332   418   422   448   516   539   608   657   743   778   820   823   826   854

3 Notiere deinen Rechenweg.

a) 540 + 360   b) 460 + 460   c) 150 + 760   d) 860 + 140   e) 570 + 280

    360 + 470   690 + 260   290 + 640   760 + 180   170 + 640

 810   830   850   900   910   920   930   940   950   999   1000

4

426 + 98

Zuerst 100 vor, dann 2 zurück. 426 + 98 = 524

Mit Hundertertrick addieren:

Eine 3-stellige Zahl mit Zahlenkarten bilden. Als 2. Summanden 99, 98, 97 oder 96 auswählen und die Aufgabe nennen. Der Partner beschreibt seinen Rechenweg und nennt das Ergebnis.

Gespielt mit: _____

Addition mit Hunderterübergang

1 Gleiches Zeichen – gleiche Ziffer

Das ist eine Zahl aus 2 verschiedenen Ziffern.

Das ist eine Zahl aus 3 gleichen Ziffern.

Für welche Ziffern stehen die Zeichen?

a)

Zeichen	☀	♥	◇
Ziffer			

b)

Zeichen	△	♡	✿
Ziffer			

c)

Zeichen	☐	✦	✬
Ziffer			

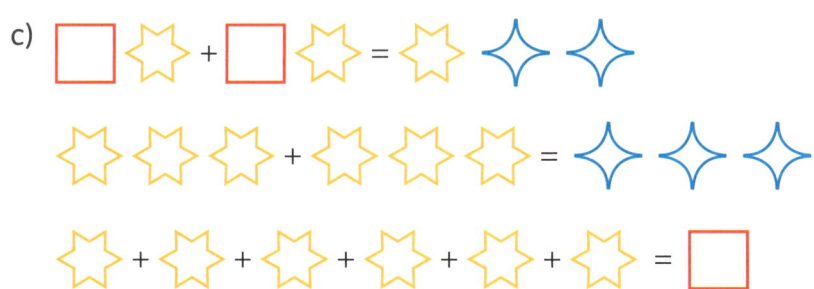

2

Meine Zahl ist um 270 größer als die Summe von 444 und 222.

 Die Zahl heißt _____.

 Das Doppelte meiner Zahl ist so groß wie die Summe von 275 und 725.

Die Zahl heißt _____.

Knobelaufgaben lösen.
Zahlenrätsel lösen, erfinden und evtl. eine Tonaufnahme erstellen.
MK Algorithmen erkennen **1**

Subtraktion mit Hunderterübergang

230 − 70

234 − 70

Ich rechne in 2 Schritten.

230 − 70 = _____
230 − 30 = 200
200 − 40 = 160

Bei dieser Aufgabe rechne ich genauso.

1
230 − 40 = _____   480 − 90 = _____   350 − 70 = _____   120 − 40 = _____
730 − 80 = _____   610 − 20 = _____   810 − 30 = _____   530 − 60 = _____
910 − 60 = _____   340 − 80 = _____   650 − 70 = _____   430 − 50 = _____

🔑 80   190   260   280   310   380   390   470   580   590   650   780   850

2
220 − 40 = _____   720 − 80 = _____   710 − 50 = _____   330 − 50 = _____
226 − 40 = _____   728 − 80 = _____   719 − 50 = _____   334 − 50 = _____

510 − 30 = _____   650 − 70 = _____   740 − 70 = _____   960 − 90 = _____
517 − 30 = _____   653 − 70 = _____   745 − 70 = _____   963 − 90 = _____

🔑 176   180   186   280   284   480   487   580   583   640   648   660   669   670   675   870   873

3
a) 260 − 70   b) 520 − 50   c) 640 − 70   d) 723 − 40   ◔ e) 930 − 50
   250 − 60   530 − 50   650 − 70   721 − 40   930 − 54

   940 − 50   860 − 90   430 − 60   214 − 30   310 − 60
   930 − 80   870 − 90   440 − 60   217 − 30   310 − 62

🔑 184   187   190   190   248   250   370   380   390   470   480   570   580   681   683   770   780   850   876   880   890

4

−	70	80	90
530			
640			
750			
960			

−	40	50	60
240			
247			
830			
836			

−	30	40	50
536			
326			
416			
706			

🔑 180   187   190   197   200   207   276   286   296   366   376   386   440   450   460   486   496   506   550   560   570   650
656   660   666   670   676   680   770   776   780   786   790   796   870   880   890

Subtraktionsaufgaben mit Zehnern und Hunderterübergang lösen.

Ich zerlege den Subtrahenden so in Zehner, dass ich leicht subtrahieren kann.

Subtraktion mit Hunderterübergang

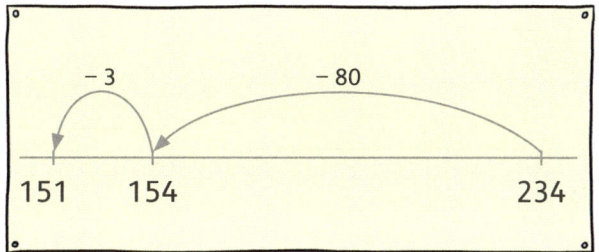

Ich subtrahiere zuerst die Zehner, dann die Einer.

$234 - 83$

−3   −80

151   154   234

$234 - 83 =$ _____
$234 - 80 = 154$
$154 - 3 = 151$

1

$428 - 70 =$ _____	$342 - 80 =$ _____	$227 - 50 =$ _____	$745 - 70 =$ _____
$428 - 77 =$ _____	$342 - 81 =$ _____	$227 - 55 =$ _____	$745 - 72 =$ _____
$534 - 60 =$ _____	$857 - 60 =$ _____	$678 - 90 =$ _____	$813 - 30 =$ _____
$534 - 63 =$ _____	$857 - 63 =$ _____	$678 - 95 =$ _____	$813 - 34 =$ _____

172 177 261 262 351 358 413 471 474 583 588 673 675 779 783 794 797

2

	a)	b)	c)	d)	e)
	$722 - 41$	$638 - 62$	$446 - 51$	$956 - 83$	$222 - 33$
	$722 - 42$	$638 - 63$	$446 - 58$	$956 - 87$	$444 - 55$
	$845 - 72$	$236 - 52$	$363 - 92$	$142 - 91$	$555 - 66$
	$845 - 74$	$236 - 54$	$363 - 95$	$142 - 99$	$666 - 77$

43 51 182 184 189 268 271 388 389 395 489 575 576 589 680 681 770 771 773 869 873

3 In diesem Schuljahr besuchen insgesamt 243 Kinder die Waldschule.

Heute besuchen die Kinder aus den 3. Klassen, in die insgesamt 53 Kinder gehen, ein Museum.

Kreuze die richtige Antwort an.

a) Wie viele Kinder besuchen heute die Waldschule?

☐ 158 Kinder   ☐ 190 Kinder   ☐ 230 Kinder   ☐ 328 Kinder

b) Wie viele Jungen (J) und Mädchen (M) fahren ins Museum, wenn es 3 Jungen mehr als Mädchen gibt?

☐ 25 M/27 J   ☐ 25 M/28 J   ☐ 26 M/29 J   ☐ 28 M/25 J

c) Wie viele Jungen (J) und Mädchen (M) besuchen heute die Schule, wenn es 12 Mädchen mehr als Jungen sind?

☐ 101 M/90 J   ☐ 89 M/101 J   ☐ 101 M/89 J   ☐ 110 M/89 J

Subtraktion mit Hunderterübergang

Halbschriftliche Subtraktion

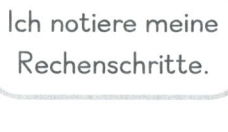

Ich notiere meine Rechenschritte.

420 − 160

$$420 - 160 = \underline{}$$
$$420 - 100 = 320$$
$$320 - 60 = 260$$

420 − 165

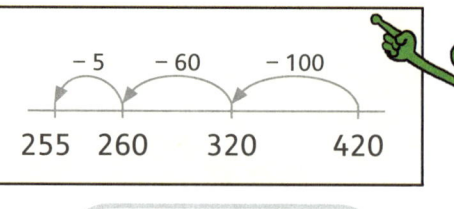

− 5   − 60   − 100

255   260   320   420

Hier nehme ich noch 5 Einer weg.

---

1 a)

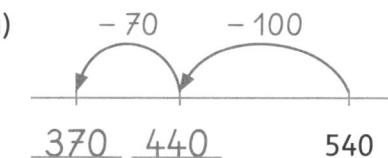

− 70   − 100

370   440   540

$$540 - 170 = \underline{}$$
$$540 - \underline{100} = \underline{}$$
$$440 - \underline{70} = \underline{}$$

b)

_____ _____   730

$$730 - 560 = \underline{}$$
$$730 - \underline{} = \underline{}$$
$$\underline{} - \underline{} = \underline{}$$

c)

_____ _____   920

$$920 - 350 = \underline{}$$
$$920 - \underline{} = \underline{}$$
$$\underline{} - \underline{} = \underline{}$$

---

2 Notiere deinen Rechenweg.

a) 450 − 280   b) 910 − 730   c) 650 − 160   d) 860 − 590   e) 540 − 370

630 − 290   550 − 170   810 − 240   770 − 380   970 − 680

170   170   180   270   290   340   380   390   480   490   570

---

3 a)

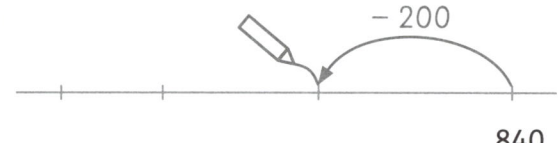

− 200

_____ _____   840

$$840 - 267 = \underline{}$$
$$840 - \underline{200} = \underline{}$$
$$640 - \underline{} = \underline{}$$
$$580 - \underline{} = \underline{}$$

b)

_____ _____   810

$$810 - 385 = \underline{}$$
$$810 - \underline{} = \underline{}$$
$$\underline{} - \underline{} = \underline{}$$
$$\underline{} - \underline{} = \underline{}$$

---

4 Notiere deinen Rechenweg.

a) 470 − 284   b) 930 − 637   c) 650 − 374   d) 845 − 260   e) 525 − 430

660 − 386   740 − 357   330 − 154   916 − 330   726 − 660

66   95   176   186   274   276   287   293   383   585   586

Subtraktionsaufgaben mit Hunderterübergang halbschriftlich lösen.
Dabei die Rechenschritte notieren.
Wie rechnest du?

Wenn ich halbschriftlich subtrahiere, schreibe ich die Rechenschritte auf oder ich notiere sie am Rechenstrich.

Subtraktion mit Hunderterübergang

Hundertertrick

564 – 198

Ich rechne schrittweise.

564 – 198 = _____
564 – 100 = 464
464 – 90 = 374
374 – 8 = _____

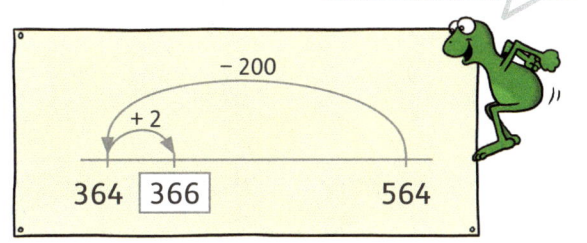

Zuerst 200 zurück, dann 2 vor.

− 200
+ 2
364 366   564

1 Rechne wie Max.

763 – 295 = _____   822 – 439 = _____   678 – 384 = _____
763 – _____ = _____   _____ – _____ = _____   _____ – _____ = _____
563 – _____ = _____   _____ – _____ = _____   _____ – _____ = _____
473 – _____ = _____   _____ – _____ = _____   _____ – _____ = _____

2 Nutze den Hundertertrick.

a) 946 – 797 = _____

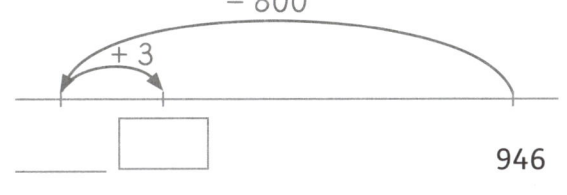

− 800
+ 3
946

b) 786 – 596 = _____

786

c) 469 – 199 = _____

469

3 Markiere zuerst die Aufgaben, die du mit dem Hundertertrick rechnest. Löse dann alle Aufgaben.

a) <mark>523 – 299</mark>   b) 475 – 195   c) 660 – 266   d) 644 – 488   e) 654 – 398
642 – 360   543 – 398   863 – 290   777 – 378   456 – 399
750 – 178   926 – 450   428 – 198   830 – 499   360 – 174

57 145 156 186 224 230 256 280 282 331 394 399 428 476 572 573

Den Hundertertrick als Rechenvorteil kennenlernen.
Zahlenmaterial prüfen, um den geeigneten Rechenweg zu finden.

Wenn ein 3-stelliger Subtrahend nah am Hunderter liegt, rechne ich mit dem Hundertertrick.

59

Subtraktion mit Hunderterübergang

Ergänzen

$612 - 594 = \underline{\hspace{2cm}}$

$594 + \underline{\hspace{2cm}} = 612$

Ich ergänze von 594 zu 612. Zuerst + 6, dann + 12.

Ich ergänze 18.

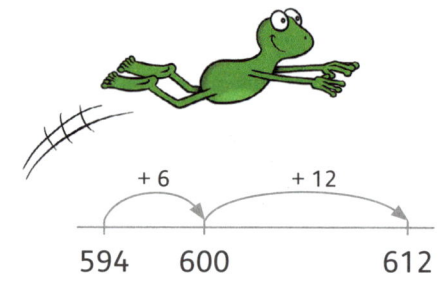

+ 6   + 12

594   600   612

○ **1** Löse am Rechenstrich durch Ergänzen.

a) $409 - 392 = \underline{\hspace{2cm}}$

$392 + \underline{\hspace{2cm}} = 409$

392 _____ 409

b) $824 - 784 = \underline{\hspace{2cm}}$

$784 + \underline{\hspace{2cm}} = \underline{\hspace{2cm}}$

784 _____ _____

c) $911 - 897 = \underline{\hspace{2cm}}$

_____

○ **2**

$312 - 288 = \underline{\hspace{1cm}}$	$517 - 495 = \underline{\hspace{1cm}}$	$603 - 578 = \underline{\hspace{1cm}}$	$907 - 871 = \underline{\hspace{1cm}}$
$307 - 268 = \underline{\hspace{1cm}}$	$212 - 194 = \underline{\hspace{1cm}}$	$503 - 485 = \underline{\hspace{1cm}}$	$802 - 779 = \underline{\hspace{1cm}}$

🔑 18 18 22 23 24 25 27 36 39

● **3**

$904 - 897 = \underline{\hspace{1cm}}$	$462 - 449 = \underline{\hspace{1cm}}$	$607 - 569 = \underline{\hspace{1cm}}$	$\underline{\hspace{1cm}} - 299 = 5$
$609 - 589 = \underline{\hspace{1cm}}$	$711 - 695 = \underline{\hspace{1cm}}$	$501 - 487 = \underline{\hspace{1cm}}$	$\underline{\hspace{1cm}} - 897 = 11$
$303 - 279 = \underline{\hspace{1cm}}$	$403 - 386 = \underline{\hspace{1cm}}$	$702 - 693 = \underline{\hspace{1cm}}$	$\underline{\hspace{1cm}} - 681 = 23$
$984 - 967 = \underline{\hspace{1cm}}$	$901 - 892 = \underline{\hspace{1cm}}$	$806 - 794 = \underline{\hspace{1cm}}$	$\underline{\hspace{1cm}} - 493 = 12$

🔑 7 9 9 12 13 14 16 17 17 20 24 38 304 505 704 907 908

Subtraktionsaufgaben durch Ergänzen lösen.

Wenn ich 2 nah beieinander liegende Zahlen subtrahieren möchte, ergänze ich.

Subtraktion mit Hunderterübergang

1

608	−	592	= _16_
607	−	593	= _14_
606	−	594	= _12_
605	−	595	= _10_
_____	−	_____	= _____

Die Differenz
Das Ergebnis

Der Minuend
~~Die 1. Zahl~~

Der Subtrahend
Die 2. Zahl

wird immer _____ kleiner.

wird immer _____ größer.

wird immer _____ kleiner.

Der Minuend _____

_____

_____

2

701	−	698	= _____
702	−	696	= _____
703	−	694	= _____
704	−	692	= _____
_____	−	_____	= _____

Die Differenz
Das Ergebnis

Der Minuend
Die 1. Zahl

Der Subtrahend
Die 2. Zahl

wird immer _____ kleiner.

wird immer _____ größer.

wird immer _____ größer.

_____

_____

_____

---

3 Verändere die Aufgaben so, wie es angegeben ist.

413	−	303	= _____
_____	−	_____	= _____
_____	−	_____	= _____

Minuend immer − 4

Subtrahend immer + 1

Differenz immer _____

693	−	679	= _____
_____	−	_____	= _____
_____	−	_____	= _____

Minuend immer − 3

Subtrahend bleibt gleich

Differenz immer _____

903	−	894	= _____
_____	−	_____	= _____
_____	−	_____	= _____

Minuend immer + 3

Subtrahend immer − 1

Differenz immer _____

Froschaufgaben rechnen, systematisch
untersuchen, Veränderungen durch
Zusammenfügen der Satzbausteine beschreiben.

6

Der Minuend wird immer um ... kleiner.
Der Subtrahend wird immer um ... größer.
Die Differenz wird immer um ... kleiner.

61

Subtraktion mit Hunderterübergang

1

240 − 70 = _____ 750 − 60 = _____ 423 − 50 = _____ 873 − 93 = _____

246 − 70 = _____ 758 − 60 = _____ 423 − 51 = _____ 873 − 95 = _____

930 − 50 = _____ 360 − 90 = _____ 152 − 70 = _____ 335 − 69 = _____

937 − 50 = _____ 365 − 90 = _____ 152 − 74 = _____ 335 − 89 = _____

78 82 170 176 246 266 270 275 372 373 410 690 698 778 780 880 887

2 Löse am Rechenstrich durch Ergänzen.

a) 506 − 489 = _____

489 + _____ = 506

489 _____ 506

b) 708 − 692 = _____

692 + _____ = 708

692 _____ _____

c) 912 − 889 = _____

_____

_____

d) 636 − 596 = _____

_____

_____

3

426 − 98

Zuerst 100 zurück, dann 2 vor.
426 − 98 = 328

Mit Hundertertrick subtrahieren:

Eine 3-stellige Zahl mit Zahlenkarten bilden. Als Subtrahenden 99, 98, 97 oder 96 auswählen und die Aufgabe nennen. Der Partner beschreibt seinen Rechenweg und nennt das Ergebnis.

Gespielt mit: _____

Subtraktion mit Hunderterübergang

1 Löse die Minusmauern. Rechne immer von links nach rechts. Präsentiere deine Lösungen.

a)

345	299	253
	46	
	0	

299 – 253

345	299	
	1	

345	299	
	2	

b)

555	222	111

555	255	
	222	

555	300	
	222	

c)

	500	
250		
	125	

375		
250		
	125	

		127
	126	
125		

2

Wenn ich zu meiner Zahl zuerst 350 und dann noch 199 addiere, erhalte ich 1000.

Die Zahl heißt _____.

Wenn ich von meiner Zahl zuerst 199 und dann noch 250 subtrahiere, erhalte ich 500.

Die Zahl heißt _____.

Ich nehme meine Zahl mit 8 mal und addiere dann 250. So erhalte ich 298.

Die Zahl heißt _____.

Zuerst halbiere ich meine Zahl, dann subtrahiere ich 160. So erhalte ich 284.

Die Zahl heißt _____.

_____
_____
_____
_____

Die Zahl heißt _____.

Minusmauern lösen.
Zahlenrätsel lösen, erfinden und evtl. eine Tonaufnahme erstellen.

Addition und Subtraktion üben

Im Kopf oder halbschriftlich

1 Entscheide: Im Kopf 😊 oder halbschriftlich ✏️? Vergleiche mit einem Partner.

506 + 299 = _____ ☐

253 + 90 = _____ ☐

140 + 475 = _____ ☐

397 + 53 = _____ ☐

456 − 200 = _____ ☐

671 − 199 = _____ ☐

264 − 78 = _____ ☐

740 − 640 = _____ ☐

346 + 170 = _____ ☐

888 − 60 = _____ ☐

434 + 99 = _____ ☐

529 − 260 = _____ ☐

verglichen mit: _____

2 Entscheide: Im Kopf 😊 oder halbschriftlich ✏️?

a) 430 + 270 ☐

269 + 300 ☐

467 + 250 ☐

560 + 158 ☐

483 + 199 ☐

b) 743 − 298 ☐

692 − 89 ☐

521 − 370 ☐

550 − 330 ☐

402 − 397 ☐

c) 43 + 318 ☐

275 + 299 ☐

523 + 90 ☐

466 + 87 ☐

399 + 123 ☐

🔑 5 151 220 361 445 522 553 569 574 603 613 623 682 700 717 718

d) Begründe bei 2 Aufgaben deine Entscheidung. Präsentiere deine Lösungswege.

Über Kopfrechnen oder halbschriftliches Rechnen entscheiden.
Ergebnisse präsentieren.
Rechnest du im Kopf oder halbschriftlich?

Wenn ich bei der Subtraktion erkenne, dass Minuend und Subtrahend nah beieinander liegen, ergänze ich im Kopf.

Addition und Subtraktion üben

Im Kopf oder halbschriftlich

1 Bilde 9 Additionsaufgaben, die du im Kopf rechnen kannst. Löse sie.

| 258 | 60 | 199 | 200 | 298 | 375 |

258 + 200 = _____   _____   _____

_____   _____   _____

_____   _____   _____

2 Bilde 9 Subtraktionsaufgaben, die du im Kopf rechnen kannst. Löse sie.

| 200 | 50 | 298 | 507 | 398 | 497 |

298 − 50 = _____   _____   _____

_____   _____   _____

_____   _____   _____

3 Rechne im Heft alle Aufgaben, die du nicht im Kopf löst.

a)

+	47	76	130	85	170
803					
753					

−	620	330	500	24	799
923					
876					

🗝 77 124 256 303 376 380 423 546 593 800 829 838 850 852 879 883 888 899 923 933 973

b)

+	65			150	
798			998		
444		600		630	

−		76	460	85	
904	794				
753					580

🗝 110 156 173 186 200 293 444 509 594 643 644 668 677 731 819 820 828 863 948 954 984

4 Markiere die Aufgaben, die du im Kopf rechnest. Löse dann alle Aufgaben.

a) 523 + 299   b) 503 − 498   c) 378 + 560   d) 634 − 198

624 + 80   764 − 399   547 − 298   698 + 232

377 + 398   650 − 365   397 + 236   490 − 371

264 + 570   902 − 894   476 − 90   270 + 587

Aufgaben mit Hundertertrick oder Ergänzen rechne ich im Kopf.

🗝 5 8 119 120 249 285 365 386 436 633 704 775 822 834 857 930 938

Additions- und Subtraktionsaufgaben üben.
Über Kopfrechnen oder halbschriftliches
Rechnen entscheiden.

Wenn ich 2 nah beieinander liegende
Zahlen subtrahieren möchte, ergänze ich.

65

Addition und Subtraktion üben

1 Fahre auf und ab mit dem Fahrstuhl. Kontrolliere mit der Lösungszahl.

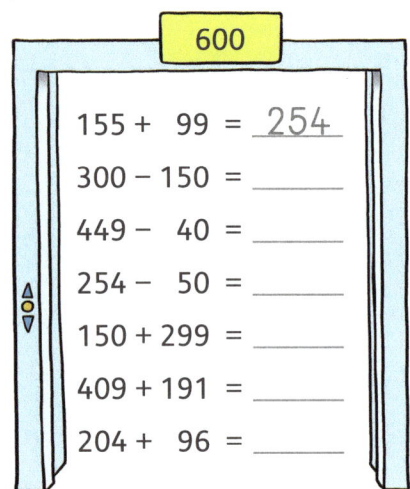

600

$155 + 99 = \underline{254}$
$300 - 150 = \underline{}$
$449 - 40 = \underline{}$
$254 - 50 = \underline{}$
$150 + 299 = \underline{}$
$409 + 191 = \underline{}$
$204 + 96 = \underline{}$

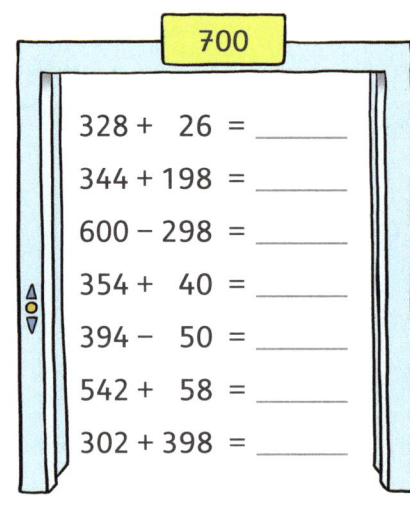

700

$328 + 26 = \underline{}$
$344 + 198 = \underline{}$
$600 - 298 = \underline{}$
$354 + 40 = \underline{}$
$394 - 50 = \underline{}$
$542 + 58 = \underline{}$
$302 + 398 = \underline{}$

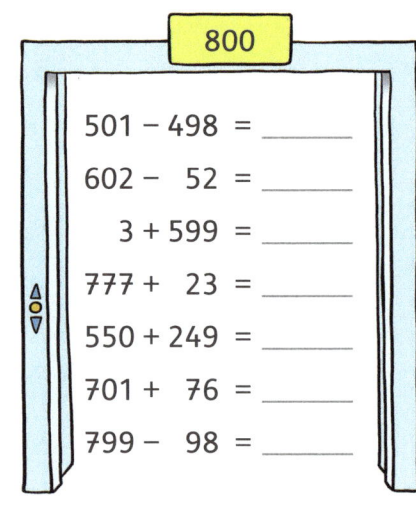

800

$501 - 498 = \underline{}$
$602 - 52 = \underline{}$
$3 + 599 = \underline{}$
$777 + 23 = \underline{}$
$550 + 249 = \underline{}$
$701 + 76 = \underline{}$
$799 - 98 = \underline{}$

2 a) Immer + 99.

Immer − 49.

Immer + 50, − 20.

Immer + ____ , − ____ .

98 — 197 — 296 — ⬭ — ⬭ — ⬭ — ⬭

950 — 901 — 852 — ⬭ — ⬭ — ⬭ — ⬭

370 — 420 — 400 — ⬭ — ⬭ — ⬭ — ⬭

97 — 197 — 117 — 217 — ⬭ — ⬭ — ⬭

b) Immer _____ .

Immer _____ .

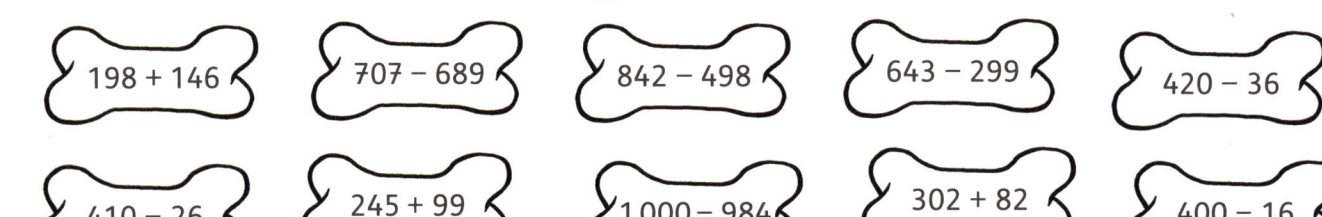

⬭ — ⬭ — ⬭ — 198 — 300 — 201 — 303

⬭ — ⬭ — ⬭ — 406 — 505 — 407 — 506

3

$450 - 434$	$504 - 488$	$98 + 286$	$403 - 385$	$409 - 391$
$198 + 146$	$707 - 689$	$842 - 498$	$643 - 299$	$420 - 36$
$410 - 26$	$245 + 99$	$1\,000 - 984$	$302 + 82$	$400 - 16$

18 · 384 · 16 · 344

Additions- und Subtraktionsaufgaben üben.
Zahlenfolgen ergänzen und Ergebnisse präsentieren.

Addition und Subtraktion üben

1 a) Mark spart für ein Fahrrad. In seinem Sparschwein befinden sich bereits 160 €.

Das Fahrrad kostet 302 €.

Frage: _____

Lösungsweg:

Antwort: _____

b) Sina und Jasper verteilen in ihrer Schule Schülerzeitungen. An ihrer Schule sind

450 Kinder und 52 Lehrer. 199 Personen haben bereits eine Schülerzeitung erhalten.

Frage: _____

Lösungsweg:

Antwort: _____

2

901 – 842

400 – 250

280 – 221

97 + 25

99 + 23

140 – 18

859 – 800

380 – 230

95 + 105

422 – 300

75 + 75

24 + 98

159 – 100

97 + 103

769 – 710

340 – 190

290 – 140

118 – 59

101 + 99

199 – 140

498 – 298

980 – 921

1 000 – 941

59   122   150   200

Sachaufgaben lösen.
Additions- und Subtraktionsaufgaben üben.

Ich schreibe zuerst eine
passende Frage auf.
Dann berechne ich die Lösung.

67

Addition und Subtraktion üben

1 Verändere die Aufgaben so, wie es angegeben ist.

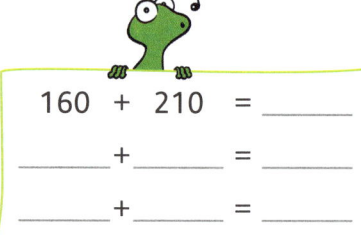

a)

$101 + 202 = _____$

$_____ + _____ = _____$

$_____ + _____ = _____$

1. Summand immer + 50

2. Summand immer + 9

Summe immer _____

b)

$950 - 50 = _____$

$_____ - _____ = _____$

$_____ - _____ = _____$

Minuend immer − 50

Subtrahend bleibt gleich

Differenz immer _____

c)

$160 + 210 = _____$

$_____ + _____ = _____$

$_____ + _____ = _____$

1. Summand immer + 80

2. Summand immer − 60

Summe immer _____

2

a)

$160 + 180 = _____$

$150 + 190 = _____$

$140 + 200 = _____$

_____

_____

Summe immer _____,

weil _____

_____

_____

b)

$201 - 187 = _____$

$203 - 188 = _____$

$205 - 189 = _____$

_____

_____

Differenz immer _____,

weil _____

_____

_____

c)

$99 + 98 = _____$

$102 + 98 = _____$

$105 + 98 = _____$

_____

_____

Summe immer _____,

weil _____

_____

_____

3 Finde das Muster. Berichtige die Froschaufgabe.

Hier ist ein Fehler im Muster.

$299 + 181 = 480$ _____

$298 + 182 = 480$ _____

$297 + 183 = 480$ _____

$298 + 184 = 482$ _____

$309 - 100 = 209$ _____

$311 - 99 = 212$ _____

$313 - 99 = 214$ _____

$315 - 97 = 218$ _____

$150 + 450 = 600$ _____

$180 + 510 = 690$ _____

$230 + 570 = 800$ _____

$270 + 630 = 900$ _____

Froschaufgaben systematisch untersuchen,
Muster erkennen, Fehler korrigieren und evtl. eine Tonaufnahme erstellen.
MK Algorithmen erkennen 1 – 3

Der Minuend wird immer um ... kleiner.
Wenn der Subtrahend gleich bleibt,
verändert sich die Differenz ...

Addition und Subtraktion üben

1 a)

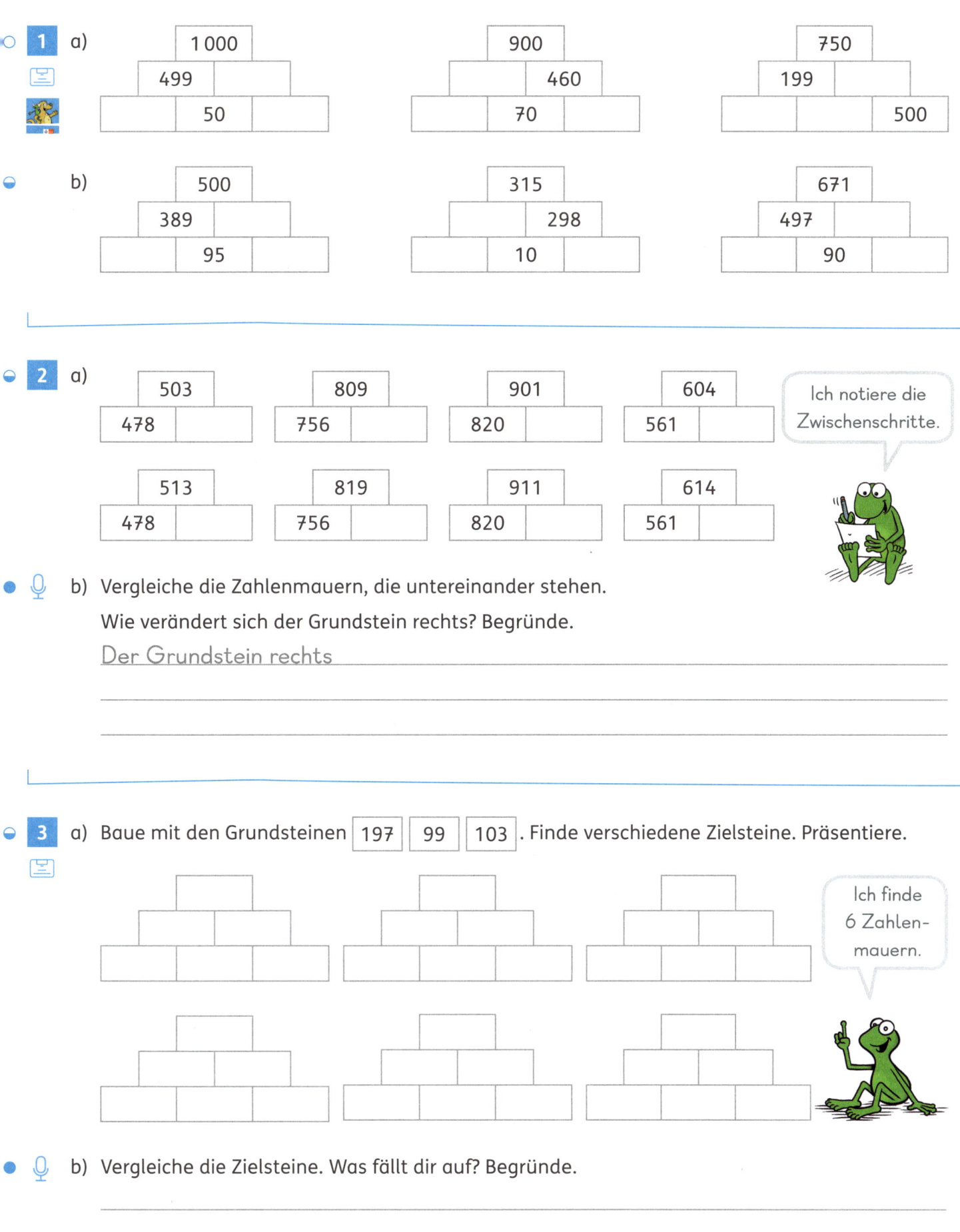

	1 000	
499		
	50	

	900	
	460	
	70	

	750	
199		
		500

b)

	500	
389		
	95	

	315	
	298	
	10	

	671	
497		
	90	

2 a)

503	
478	

809	
756	

901	
820	

604	
561	

Ich notiere die Zwischenschritte.

513	
478	

819	
756	

911	
820	

614	
561	

b) Vergleiche die Zahlenmauern, die untereinander stehen.

Wie verändert sich der Grundstein rechts? Begründe.

Der Grundstein rechts _____

_____

_____

3 a) Baue mit den Grundsteinen 197 99 103 . Finde verschiedene Zielsteine. Präsentiere.

Ich finde 6 Zahlen-mauern.

b) Vergleiche die Zielsteine. Was fällt dir auf? Begründe.

_____

_____

_____

Zahlenmauern durch Addition und Subtraktion lösen. Ergebnisse präsentieren.
Zusammenhänge von Zahlenmauern entdecken, beschreiben und evtl. eine Tonaufnahme erstellen.

Wenn der Grundstein unten rechts …
größer wird, dann wird der Zielstein …
Den größten Zielstein erhalte ich, wenn …

69

Addition und Subtraktion üben

200 sind **2** zu viel!
656 − 2 = 654

So ist es
nun richtig.

456 + 198 = _____
456 + 200 = 656
656 − ~~1~~ = ~~655~~
        2   654

1 Richtig oder falsch? Finde die Fehler. Kreise sie ein. Berichtige.

a) `f`

262 + 295 = ~~567~~ **557**

+ 300   **− 5**   + 5

262   **557**   562   ~~567~~

b)

450 + 153 = _____
450 + 100 = 550
550 + 50 = 600
600 + 5 = 605

c)

680 + 277 = _____

+ 200   + 70   + 7

680   880   950   957

d)

284 + 340 = _____
284 + 300 = 584
584 + 40 = 620

e)

578 + 198 = _____

+ 100

                   − 2

578   676   678

f)

122 + 398 = _____
122 + 400 = 522
522 − 2 = 520

2 Kreuze das richtige Ergebnis an.

a) 223 + 470
- ☐ 683
- ☐ 693
- ☐ 703

b) 424 − 199
- ☐ 225
- ☐ 226
- ☐ 227

c) 257 + 399
- ☐ 655
- ☐ 656
- ☐ 657

d) 812 − 795
- ☐ 16
- ☐ 17
- ☐ 18

Rechenwege nachvollziehen,
Fehler finden und berichtigen.
Richtiges Ergebnis ankreuzen.

Ich kontrolliere den Rechenweg.
Hier ist ein Fehler, weil ...
Ich berichtige den Fehler.

Addition und Subtraktion üben

Die Probe ist die Umkehraufgabe.

Probe:

520 − 370 = 150 ☑   150 + 370 = 520 ✓

Stimmt!

1 Richtig oder falsch? Kontrolliere mit der Probe.

| 6 | 0 | 3 | − | 5 | 9 | 8 | = | 5 | | | ☐ | Probe: |

| 7 | 3 | 0 | − | 2 | 9 | 9 | = | 4 | 3 | 0 | ☐ | Probe: |

| 8 | 6 | 0 | − | 6 | 7 | 0 | = | 1 | 9 | 0 | ☐ | Probe: |

| 9 | 0 | 5 | − | 1 | 2 | 0 | = | 7 | 8 | 5 | ☐ | Probe: |

| 5 | 0 | 7 | − | 4 | 9 | 8 | = | 8 | | | ☐ | Probe: |

| 4 | 0 | 2 | − | 3 | 9 | 4 | = | 1 | 0 | | ☐ | Probe: |

2 Richtig oder falsch? Kontrolliere mit der Probe.

a) 203 − 186 = 14 ☐   805 − 797 = 8 ☐   197 − 99 = 97 ☐

P: _____   P: _____   P: _____

b) 404 − 388 = 12 ☐   501 − 189 = 12 ☐   400 − 195 = 205 ☐

P: _____   P: _____   P: _____

c) 306 − 297 = 9 ☐   292 − 283 = 11 ☐   652 − 398 = 255 ☐

P: _____   P: _____   P: _____

Ergebnisse mit der Probe (Umkehraufgabe) kontrollieren.

7

Mit der Probe kontrolliere ich, ob das Ergebnis richtig ist.

71

Addition und Subtraktion üben

1 Rechne im Heft alle Aufgaben, die du nicht im Kopf löst.

+	300	64	470	399	220
150					
235					

−	250	199	64	300	480
770					
658					

178 214 290 299 345 358 370 408 450 455 459 470 520 535 549 571 594 620 634 705 706

2 Verändere die Aufgaben so, wie es angegeben ist.

a)

152 + 99 = _____

_____ + _____ = _____

_____ + _____ = _____

1. Summand immer + 1
2. Summand bleibt gleich
Summe immer _____

b)

204 − 197 = _____

_____ − _____ = _____

_____ − _____ = _____

Minuend immer − 1
Subtrahend immer + 1
Differenz immer _____

c)

300 + 81 = _____

_____ + _____ = _____

_____ + _____ = _____

1. Summand immer + 20
2. Summand immer + 9
Summe immer _____

3 Richtig oder falsch? Kontrolliere mit der Probe.

508 − 496 = 12 ☐ Probe:

350 − 98 = 248 ☐ Probe:

4

473 + 99

Ich rechne im Kopf: zuerst 100 vor, dann 1 zurück.
473 + 99 = 572

Im Kopf oder halbschriftlich rechnen:

Eine 3-stellige und eine 2-stellige Zahl mit Zahlenkarten bilden.
Eine Additions- oder Subtraktionsaufgabe nennen.
Der Partner rechnet im Kopf oder halbschriftlich und erklärt den Rechenweg.

Gespielt mit: _____

Aufgaben halbschriftlich oder im Kopf lösen.
Froschaufgaben systematisch verändern.
Ergebnisse mit der Probe kontrollieren.

Addition und Subtraktion üben

1

Wenn ich die Differenz aus 562 und 480 halbiere, erhalte ich meine Zahl.

Die Zahl heißt _____.

 Wenn ich meine Zahl halbiere und 160 subtrahiere, erhalte ich 240.

Die Zahl heißt _____.

 Wenn ich meine Zahl verdopple und 250 addiere, erhalte ich 298.

Die Zahl heißt _____.

 Für meine Zahl bilde ich die Summe aus 444 und 333. Dann addiere ich die Differenz der beiden Zahlen.

Die Zahl heißt _____.

2 a) Wähle 3 verschiedene Startzahlen, die größer als 200 und kleiner als 800 sind. Rechne.

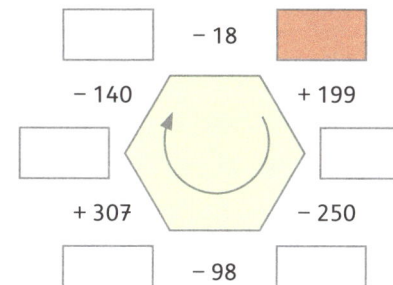 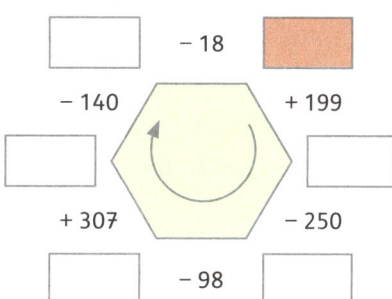 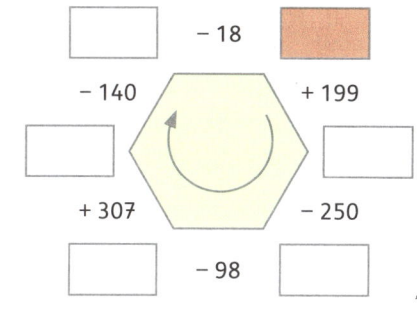

b) Was fällt dir auf? Erkläre.

_____

3 Erfinde selbst. Präsentiere.

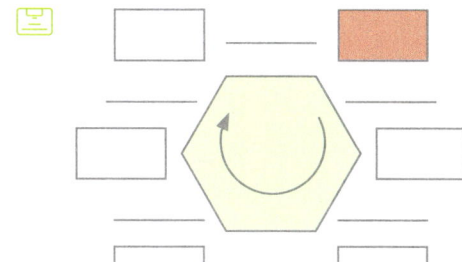 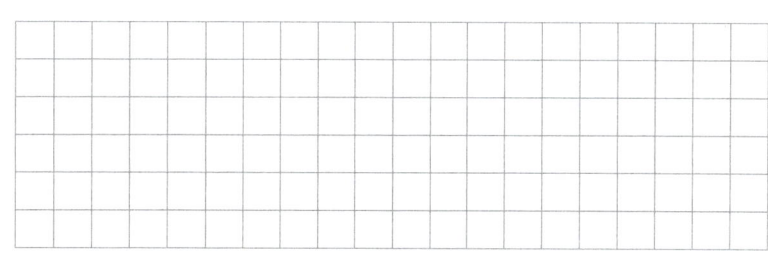

Zahlenrätsel lösen, erfinden und evtl. eine Tonaufnahme erstellen.
Kettenaufgaben berechnen, untersuchen und selbst erfinden.
Ergebnisse präsentieren.

Sachrechnen

Weltweit gibt es ungefähr 500 verschiedene Haiarten. Der größte und schwerste Hai ist der Walhai mit bis zu 14 m Länge und 12 t Gewicht.

Haie werden unterschiedlich alt. Kleine Bambushaie werden etwa 25 Jahre alt. Der Walhai kann bis zu 100 Jahre alt werden.

Bambushai

Walhai

○ **1** a) Welche Fragen kannst du mit Hilfe der Texte auf Seite 74/75 beantworten?
Kreuze sie an.

- ☐ Wie heißt der größte Hai?
- ☐ Seit wie vielen Jahren gibt es Haie auf der Erde?
- ☐ Wie viele verschiedene Haiarten gibt es?
- ☐ Wie lange braucht ein Hai, um einen Zahn zu ersetzen?
- ☐ Wie viele Haiarten sind ungefährlich?
- ☐ Wie nennt man das Gebiss eines Hais?
- ☐ Gehören Haie zu der Klasse der Knorpelfische?
- ☐ Wie viele Jahre kann ein Walhai älter werden als ein Bambushai?
- ☐ Wie schwer wird ein Walhai?

b) Welche Fragen kannst du nur rechnerisch lösen? Markiere sie.

c) Markiere zu jeder Frage die passenden Informationen in den Texten.
Benutze für jede markierte Frage eine andere Farbe.

Passende Sachrechenfragen finden und markieren.
MK Informationsauswertung **1**

Diese Frage kann ich beantworten, denn …
Die Information zu der Frage habe ich hier gefunden und … markiert.

Sachrechnen

Die Zähne eines Hais sitzen nicht fest im Kiefer, sondern wachsen auf einer ledrigen Haut. In ihr bilden sich ständig neue Zähne. Diese liegen eingeklappt in 5 und mehr Reihen bereit. Wenn sie gebraucht werden, schieben sie sich innerhalb kurzer Zeit nach vorne und richten sich auf. Deshalb nennt man das Gebiss Revolvergebiss.

Revolvergebiss

Man sagt über Haie, dass sie eine tödliche Gefahr sind. Tatsächlich sind es nur 35 Arten, die dem Menschen gefährlich werden können.

Weißer Hai

1 a) Beantworte mindestens eine markierte Frage. Notiere den Lösungsweg und die Antwort.

b) Beantworte nun alle angekreuzten Fragen von Seite 74. Notiere immer die Frage und ihre Antwort.

2 a) Formuliere eine eigene Frage, die dein Partner mit den Texten beantworten kann.

Frage:

_____

_____

b) Suche im Internet oder in Büchern und beantworte alle Fragen. Präsentiere.

c) Gibt es Haie in der Nord- oder Ostsee? Suche im Internet oder in Büchern.

Sachrechenfragen lösen und die Antwort notieren.
Eigene Frage formulieren und Antworten präsentieren.
MK Informationsrecherche 2

Zur Lösung hilft mir ...

75

Sachrechnen

Was ein Hai sieht:

Schildkröte   Surfer   Seelöwe

465 Haiarten sind für den Menschen ungefährlich.

Kann das stimmen? Ich rechne mal nach.

500 Haie, davon sind
35 gefährlich.
5 0 0 − 3 5 =

---

1 Stimmt das? Der Katzenhai ist 6 m 60 cm kürzer als der weiße Hai.

Der weiße Hai wird bis zu 8 m lang. Der Katzenhai wird nur etwa 1 m 40 cm lang.

Zeichne eine Skizze:

Antwort: _____

---

2 Stimmt das? In 5 s schwimmt der Makohai fast 100 m weit.

Der Makohai hält den Geschwindigkeitsrekord. Er kann 19 m in der Sekunde schwimmen.

Lege eine Tabelle an:

Antwort: _____

---

3 Stimmt das? Ein Seidenhai ist mit 8 Jahren genauso groß wie du.

Seidenhaie werden 2 m bis 3 m 30 cm lang. Ein Jungtier hat bei der Geburt eine Größe von ca. 80 cm. Im Jahr wächst es 5 cm.

Das muss ich wissen:

Ich bin _____ cm groß.

---

4 Stimmt das? Es dauert 15 Jahre, bis die Zitronenhaie ausgewachsen sind.

Zitronenhaie werden in der Regel 240 cm lang. Die Jungen sind bei der Geburt ungefähr 70 cm lang. Im Jahr wachsen sie 10 cm.

Unterstreiche blau:

Wie groß ist der Zitronenhai bei der Geburt?

Unterstreiche rot:

Wie viele Zentimeter wachsen Zitronenhaie in einem Jahr?

Aus Texten Informationen entnehmen und Ergebnisse präsentieren. Behauptungen auf Plausibilität prüfen.
MK Informationsauswertung 1 – 4

Ich habe die Behauptung mit Hilfe einer Skizze, Tabelle oder Rechnung überprüft.

Sachrechnen

1 Frage: Wie viele Fische frisst der Seidenhai in 5 Wochen?

Unterstreiche blau: ✎
Wie viele Fische frisst er am Tag?

> Der Seidenhai gehört mit bis zu 3 m 30 cm Länge zu den größeren Haiarten. Seine bevorzugte Wassertiefe liegt bei 500 m. Dort jagt er überwiegend Fische, aber auch Weichtiere. Am Tag frisst er 3 Fische.

Lösungsweg:

Antwort: _____

_____

2 Frage: Wie viele Junge kann ein Glatthai ungefähr in seinem Leben bekommen?

Unterstreiche blau: ✎
Wie viele Junge bekommt ein Glatthai pro Wurf?
Unterstreiche rot: ✎
Wie oft kann ein Glatthai Junge bekommen?

> Der Glatthai kann das erste Mal mit 6 Jahren Junge bekommen.
> Es sind meistens 4–10 Junge pro Wurf. Die Jungen haben eine Geburtsgröße von ungefähr 30 cm. Der Glatthai kann bis zu 20 Jahre alt werden und jedes Jahr Junge bekommen.

Hilft dir eine Tabelle?

Lösungsweg:

Antwort: _____

_____

3 Erfinde eine eigene Sachaufgabe zum Thema Haie. Verwende dazu Informationen aus dem Internet oder aus Tierbüchern. Gib sie zum Lösen deinem Partner.

gelöst von: _____

Aus Sachtexten Informationen entnehmen.
Informationen markieren und Aufgaben lösen.
MK Informationsrecherche 3

Zum Lösen muss ich wissen, wie viele Fische … Außerdem weiß ich, dass eine Woche … Tage hat.

77

Sachrechnen

Fermi-Aufgaben

○ **1** Könnte ein Makohai in den 2. Stock
eures Schulgebäudes springen?

a) Vergleiche die Informationen.
Welche benötigst du? Kreuze an.

Der Makohai ist der schnellste Hai. Er wird 70 bis 80 km/h schnell. ☐	Der Makohai kann sehr hoch springen. Er schafft 9 m. ☐

b) Welche Information fehlt dir noch zur Beantwortung der Frage?

_____

c) Wie könnt ihr die fehlende Information herausfinden? Wie lautet sie?

_____

d) Notiert eure Lösung.

_____

○ **2** Passt ein Schwarzspitzenriffhai in dein Bett?

a) Vergleiche die Informationen. Welche benötigst du? Kreuze an.

Der Schwarzspitzenriffhai kommt vor allem in Küstennähe bis maximal 60 m Tiefe vor. ☐	Der Schwarzspitzenriffhai kann ausgewachsen eine Länge von 1 m 60 cm bis zu 2 m erreichen. ☐

b) Welche Information fehlt dir noch zur Beantwortung der Frage?

_____

c) Wie kannst du die fehlende Information herausfinden? Wie lautet sie?

_____

d) Notiere deine Lösung.

_____

Informationen vergleichen. Fermi-Aufgaben bearbeiten.
❀ Wie habt ihr die fehlende Information herausgefunden?
MK Informationsbewertung 1 – 2

8

⚡ Ich benötige die Information, weil ich wissen möchte, …
Die Information finde ich, indem ich …

Sachrechnen

1 **Die kleinsten Haie**

Laternenhai	26 cm
Atlantischer Geister-Katzenhai	25 cm
Blasser Katzenhai	21 cm
Falscher Katzenhai	23 cm
Panama Geister-Katzenhai	20,8 cm
Zwerg-Laternenhai	16 cm
Breitnasenkatzenhai	26 cm

a) Wie heißt der kleinste Hai und wie groß ist er?

_____

b) Welche 2 Haie sind gleich groß?

_____

c) Wie viel Zentimeter ist der Atlantische Geister-Katzenhai größer als der kleinste Hai?

Lösungsweg:

Antwort: _____

_____

2 Von einem Forscherschiff springen Taucher ins Wasser. Der Hai hört die Bewegung. Er ist 847 m entfernt.

Wie weit muss er schwimmen, bis er die Menschen auch riechen kann?

> Der Tigerhai kann für Menschen sehr gefährlich werden. Er kann Menschen und andere Tiere bereits aus 200 m Entfernung riechen. Doch sein größter Jagdinstinkt wird durch das Hören geweckt. Er hört Bewegungen in 1 000 m Entfernung.

a) Unterstreiche blau: ✏

   Aus wie viel Meter Entfernung kann der Hai riechen?

b) Zeichne eine passende Skizze.

c) Notiere deinen Lösungsweg und die Antwort.

Informationen aus einer Tabelle entnehmen und nutzen.
Informationen unterstreichen, den Lösungsweg notieren und Ergebnisse präsentieren.
MK Informationsauswertung 1 – 2

79

Sachrechnen

1 Frage: _____

_____

_____

Lösungsweg:

Antwort: _____

_____

Der Hammerhai hat eine besondere Kopfform. Die Augen liegen an den Seiten und verschaffen ihm einen Rundblick in alle Richtungen. Leider ist die Zahl der Hammerhaie stark gesunken. Vor 30 Jahren gab es in einer Region noch 1 000 Hammerhaie. Heute sind es in derselben Region 883 Haie weniger.

2

Würde ein Walhai in unseren Klassenraum passen?

Das weiß ich: _____

_____

Das muss ich herausfinden: _____

_____

Antwort: _____

_____

3 Wie viele Kinder wiegen zusammen ungefähr so viel wie ein ausgewachsener Hammerhai?

Der ausgewachsene Hammerhai ist 3 m lang und wiegt ungefähr 230 kg.

Das muss ich wissen: _____

_____

Antwort: _____

_____

Informationen aus einem Text entnehmen. Für offene Sachrechenaufgaben Informationen selber beschaffen und nutzen.
MK Informationsrecherche 2